FLEURS EN PAPIER

FLEURS EN PAPIER

Cheryl Owen

Photographies
Steve Tanner

SOLAR

Sommaire

Matériel

Le papier et le carton

*Il existe aujourd'hui, dans les papeteries et les magasins d'arts graphiques, un choix extraordinaire de papiers et de cartons destinés aux travaux manuels. Citons notamment les papiers texturés de fabrication artisanale qui, bien que souvent coûteux, permettent des réalisations remarquables. Souples et légers, ils conviennent parfaitement à la fabrication de nombreuses fleurs. Ainsi, l'**unryu**, qui nous vient du Japon, est un matériau très fin, aux fibres délicates. On le trouve dans un large choix de coloris, et il a été employé dans bon nombre de réalisations proposées dans cet ouvrage (voir les roses blanches de la page 35). Le **mingei** est un autre papier japonais très malléable (voir les lis tigrés et les feuilles de la page 38).*

*Le **papier crépon**, très souple d'emploi, produit d'intéressants effets, car il est possible de l'étirer. Effectuez toutefois les découpes à partir des gabarits avant étirement. Délicat, le **papier de soie** est également très utilisé tout au long de ce livre. Afin de le rendre plus robuste et plus dense, on peut en assembler deux couches en les vaporisant de colle en bombe. Les pétales réalisés dans ce matériau peuvent être humidifiés pour être froissés, ou peints, afin de leur donner l'aspect des fleurs véritables. Mais sachez que le soleil ternit les couleurs du papier crépon et du papier de soie. Veillez donc à ne pas exposer vos fleurs à sa lumière directe.*

*Le **papier bois** est disponible dans les magasins et auprès des papetiers spécialisés. Il produit un effet très réaliste. Le **papier recyclé épais**, bon marché, se trouve aisément et dans plusieurs coloris. Il convient pour la peinture et permet d'excellents pliages.*

*Pour l'essentiel, le carton utilisé ici est fin et léger, du type des emballages alimentaires (paquets de céréales, etc.). Il reste toutefois assez rigide et vous devrez, au préalable, rainer chaque pliure d'un léger trait de cutter, afin d'obtenir des arêtes nettes. Le **carton de montage** se trouve quant à lui en différentes épaisseurs, les plus souples d'emploi étant celles de 1,5 et 2 mm.*

Les accessoires

Vous aurez besoin de **fil de fer** de différents calibres, vendus en longueurs standard ou en bobines chez les fleuristes et les détaillants d'articles pour travaux manuels. Chaque fois que l'usage de tiges fines est mentionné, choisissez-les de 0,7 ou 0,05 mm de diamètre environ ; elles vous serviront à monter les fleurs et les feuilles. Les tiges plus épaisses, de l'ordre de 1,2 mm de diamètre, constitueront les queues.

Le **fil à bonsaï**, que l'on trouve chez les pépiniéristes et dans les jardineries, se plie facilement malgré son épaisseur. Il est idéal pour réaliser des tiges solides.

Le **fil de fer gainé** est disponible en dimensions standard chez les fleuristes et dans les magasins d'arts graphiques. Il est généralement recouvert d'un plastique vert mais se trouve également dans d'autres coloris.

Les « **fils à étamines** » sont des sections de fil de fer souple dont les deux extrémités sont garnies de petits renflements plastique colorés. Coupés ou pliés en deux, ils constituent les pédoncules et les étamines des fleurs. Peu coûteux, on peut se les procurer en paquets dans les magasins d'arts graphiques. On en trouve de différents types : arrondis, pointus, mats ou brillants, dans toute une gamme de couleurs et de tailles. Les étamines peuvent être colorées à la peinture ou au feutre.

Le **ruban floral**, appelé également **gutta-percha**, existe lui aussi dans une grande variété de coloris chez les fleuristes ou dans les jardineries. Il s'agit d'un ruban de papier souple et résistant, enduit d'une substance cireuse adhésive. Dans la plupart des réalisations proposées ici, utilisez du ruban vert.

Peintes ou recouvertes de papier, les **boules** et **perles de polystyrène** ou **de coton**, que l'on trouve chez les fournisseurs de matériel pour travaux manuels, sont employées pour former le cœur des fleurs, les baies et les légumes miniatures.

Le **coton hydrophile** permet, quant à lui, de rembourrer le centre des fleurs et des bourgeons. S'il doit être visible, choisissez-le de couleur jaune.

Les matériaux naturels tels que les fleurs séchées, les herbes et les cônes de pin, apportent une texture et un attrait supplémentaires aux créations en papier. Les bâtonnets de bois (cures-dents, brochettes, etc.) sont utilisés pour fabriquer des accessoires.

Les peintures
Dans la confection des fleurs, travailler avec un papier de couleur appropriée est indispensable ; si celui dont vous disposez n'est pas de la teinte voulue, il suffira de le peindre. Plusieurs pétales pourront être peints simultanément, en les plaçant sur un sac plastique qui aura été découpé puis étalé sur le plan de travail.

Vous obtiendrez des couleurs très réalistes en mélangeant des ***encres de Chine*** *ou des* ***aquarelles****. Les* ***peintures acryliques*** *et* ***vinyliques*** *sont également très employées. Les couleurs utilisables en travaux manuels existent souvent en plusieurs finitions (brillante, perlée, métallisée ou mate). Elles se mélangent aisément et sont, pour la plupart, non toxiques.*

Fournitures

Votre outillage sera essentiellement composé d'objets de bureau courants. Pour des raisons de commodité et de sécurité, utilisez un plan de travail plat et propre ; veillez à ce que tous les objets coupants, les peintures et les colles se trouvent hors de portée des enfants.

Le dessin et la découpe
Un ***porte-mine*** *ou un* ***crayon de papier HB*** *bien taillé conviendront pour le dessin. Pour obtenir des tracés rectilignes réguliers et des angles précis, employez une* ***règle*** *et une* ***équerre****. Pour les grands cercles, un* ***compas*** *sera utile ; pour les petits, choisissez le* ***normographe****.*

Une bonne ***paire de ciseaux*** *pointus est indispensable ; pour les découpes minutieuses, un petit modèle donnera de meilleurs résultats. Dans le carton, les lignes de coupe nettes s'obtiendront au* ***cutter****. Travaillez toujours sur une plaque de découpe et changez régulièrement la lame ; émoussée, elle déchirerait le matériau. Pour le fil de fer, utilisez une* ***pince coupante*** *et une* ***petite scie à métaux*** *pour les tourillons de bois.*

Le collage
Le ***masking*** *est un ruban crêpé adhésif de faible adhérence. Idéal pour maintenir temporairement papiers et gabarits, il ne déchire pas le support lors du retrait.*

Quant aux colles, lisez toujours leur mode d'emploi et testez-les sur des chutes avant usage. Vérifiez qu'elles ne suintent pas à travers les papiers légers.

En général, il est préférable d'utiliser une **colle au latex** pour assembler les papiers entre eux, tandis que la **colle universelle** est plus indiquée pour fixer cartons et papiers sur du fil de fer. La **colle à reliure** à l'acétate de polyvinyle est un adhésif liquide non toxique utilisé pour la fabrication du papier mâché.

La **colle en bombe** (sans CFC, de préférence) offre une finition plus nette – plus professionnelle – mais doit être appliquée dans une pièce bien ventilée. Elle sera utile notamment pour superposer deux couches de carton ou de papier. Protégez les objets proches du plan de travail à l'aide de papier journal.

Toutefois, le **ruban adhésif double face** offrira souvent une alternative intéressante, comportant moins de risques de salissures que les colles.

Le modelage et la finition

Choisissez des **pinceaux** de bonne qualité. La peinture aura un rendu plus doux si elle est tamponnée avec une éponge naturelle. Pour le séchage, les éléments peints pourront être montés sur de petites piques de bois ou des morceaux de fil de fer plantés dans de la **pâte à modeler**. Cette dernière servira également à créer des moules pour le papier mâché.

Utilisez une **grosse aiguille** ou une **pointe de ciseaux** pour percer le papier. Un **poinçon** conviendra pour les trous plus gros. Des **tourillons de bois** de différents diamètres serviront pour fabriquer les tiges des plantes ou autres parties des montages. Le **balsa**, bois très tendre, se scie et se travaille aisément. Récoltez également des branches ou des brindilles sèches ; elles serviront à figurer des tiges et de petits troncs d'arbres.

La **mousse de fleuriste** est utilisée en composition florale. On la trouve en blocs, en boules ou en couronnes chez les fleuristes, dans les jardineries et les magasins d'articles pour travaux manuels. Elle se découpe facilement au couteau.

Pour disposer vos créations, pensez à rechercher des **paniers** et des **vases** aux formes originales. Décorez des **couronnes d'osier** pour les accrocher au mur ou confectionner un centre de table. Les pots de fleurs pourront être lestés avec du **ciment à prise rapide**.

Techniques

La plupart des créations proposées dans cet ouvrage font appel aux mêmes procédés. Au préalable, lisez donc attentivement, dans cette partie, la description des techniques de base. Nous vous conseillons également de bien étudier les photographies des réalisations achevées et, avant de commencer un modèle, de parcourir la totalité des étapes de sa fabrication afin de vous en imprégner.

La découpe des pétales

Plusieurs motifs identiques peuvent être découpés en même temps, en superposant et en agrafant plusieurs couches de papier fin.

Tracez le pétale sur le papier en suivant les bords du gabarit. Découpez autour de façon grossière puis agrafez-le sur la liasse de feuilles. N'en assemblez pas trop à la fois, car la découpe serait imprécise. Avec du papier de soie, dix couches suffisent. Procédez à la découpe.

Pour donner du mouvement aux pétales

Les pétales et les feuilles peuvent être incurvés en passant le papier le long d'une lame de ciseaux. Veillez à ne pas tirer trop fort pour ne pas déchirer les matériaux légers.

Le montage sur fil de fer

Si la feuille à monter présente des nervures, pliez le papier le long de celles-ci entre le pouce et l'index. A l'aide de colle universelle, fixez du fil de fer gainé le long de la nervure centrale sur la face inférieure, en le laissant dépasser pour figurer la queue. Si votre tube de colle présente un bec étroit, glissez le fil à l'intérieur afin de bien répartir la colle. Laissez sécher, puis tordez la feuille dans la position voulue.

L'habillage du fil de fer

1 *Utilisez du ruban floral pour recouvrir les tiges en fer et lier des éléments entre eux. Large de 1 cm, le ruban peut être coupé en deux dans le sens de la longueur pour être manipulé plus aisément. Disposez le ruban en biais à une extrémité de la tige, puis enroulez-le tout autour en l'étirant légèrement pour bien le serrer. Coupez le surplus. Pour des étamines ou le cœur d'une fleur, encollez l'extrémité de départ du ruban.*

2 *Si vous n'avez pas de ruban floral de la couleur voulue, vous pouvez utiliser du papier. Découpez-en une bande de 5 mm de largeur et, de la pointe d'un cure-dent, enduisez-la uniformément de colle. Collez la bande en biais à une extrémité de la tige puis enroulez-la de la même manière, en ajoutant de la colle à mesure que vous progressez.*

Pour lester les pots

Le ciment à prise rapide permet d'alourdir les pots des plantes en papier. Bouchez le trou du pot avec du masking. En respectant le mode d'emploi, versez le ciment dans le pot et ajoutez de l'eau petit à petit en remuant. Lorsque le récipient est rempli aux trois quarts, introduisez, au centre, les tiges ou les troncs des plantes. Achevez le remplissage jusqu'à 1,5 cm du bord et laissez durcir.

Le découpage et le rainage

Travaillez sur une plaque de découpe ou de carton ondulé. N'appuyez pas trop fort lorsque vous travaillez au cutter, et ne coupez pas le carton sur toute la longueur d'un seul coup, mais en approfondissant progressivement. Découpez toujours le papier crépon et le papier de soie avec des ciseaux pour ne pas les déchirer. Pour rainer, n'entaillez pas toute l'épaisseur du carton, mais seulement la surface. Pour découper droit, utilisez une règle métallique.

Une rose épanouie

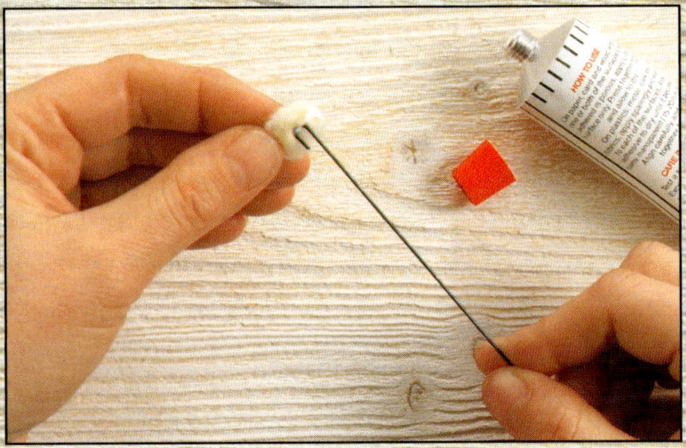

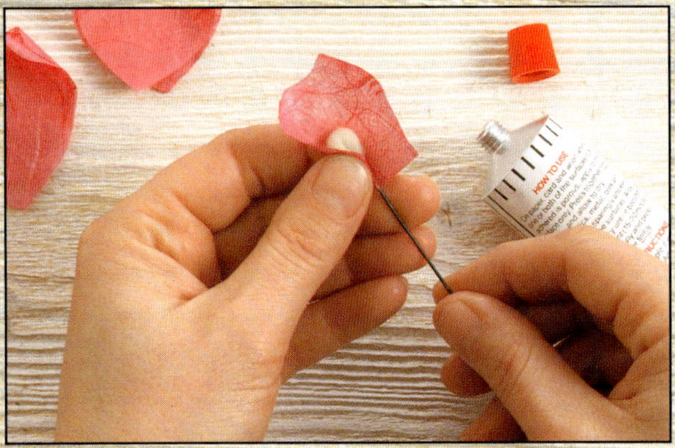

1 *Recourbez l'extrémité d'une tige métallique en crochet et collez autour un morceau de coton hydrophile en boule.*

2 *Dans du papier crépon ou un autre papier léger, découpez 1 cœur, puis 4 petits, 3 moyens et 6 grands pétales en suivant les gabarits de la page 92. Orientez les gabarits de sorte que la flèche soit disposée dans le sens des plis du papier crépon. Passez le bord des pétales sur une lame de ciseaux pour les incurver. Élargissez les pétales en papier crépon en les étirant délicatement à partir du centre. Collez le cœur de la rose en l'enroulant autour du coton pour former un tube.*

3 *Appliquez de la colle à la base des petits pétales et collez-les autour du cœur, en les disposant de sorte que leurs bords se chevauchent.*

4 *Ajoutez les pétales moyens, puis les grands, toujours en les faisant se chevaucher sur les bords. Serrez leur base autour de la tige.*

5 *D'après les gabarits de la page 92, découpez un jeu de sépales et 5 feuilles dans du papier vert. Passez la pointe des sépales sur une lame de ciseaux pour les évaser, puis collez-les sous la rose. Avec du fil de fer gainé vert, confectionnez les feuilles en suivant la méthode de montage décrite en page 14. Liez les tiges des feuilles à leur base et écartez-les. Habillez la base de la rose et sa tige de ruban floral ; fixez au passage les feuilles sous la corolle.*

Le coquelicot

1 *Enduisez de colle l'extrémité d'une tige de gros fil de fer, puis insérez-la dans une boule de coton de 1,5 cm de diamètre pour former la gousse centrale. Peignez la boule avec de la peinture vinylique verte. Laissez sécher, puis peignez une croix marron au sommet.*

2 *Pour reproduire les étamines, découpez une bande de papier de soie noir de 11 x 2,5 cm. Frangez-la d'un côté sur toute sa longueur, en coupant le bout des franges en biseau pour former des pointes. Enduisez de colle la base rectiligne, puis enroulez la pièce ainsi créée autour de la gousse.*

3 *En suivant le gabarit de la page 94, découpez 4 pétales dans du papier de soie rouge vif. Humidifiez-les avec un pinceau et laissez-les sécher. Collez 2 pétales autour de la gousse, en regard l'un l'autre. Disposez les 2 suivants de manière qu'ils chevauchent les premiers. Couvrez la base de la fleur et la tige de ruban floral.*

La pivoine

1 *En vous aidant des gabarits de la page 101, découpez dans du papier de soie, ou un autre type de papier léger, un jeu de sépales, 4 petits et 5 grands pétales. Coupez 3 têtes de fil à étamine. Collez ces dernières au bout d'un morceau de fil de fer de 5 cm de long.*

2 *Percez un trou au centre des sépales. Passez délicatement la pointe des sépales et le bord dentelé des pétales sur une lame de ciseaux pour les recourber. Sur les sépales, déposez de la colle au bord du trou, introduisez-y le fil, puis relevez les sépales autour des étamines en serrant bien la base contre les fils.*

3 *Collez d'abord les petits, puis les gros pétales autour des sépales. Reliez-les à la tige en recouvrant leur base et le fil de fer avec du ruban floral.*

La marguerite

1 *Déposez une fine couche de peinture jaune d'or dans une vieille assiette réservée à ce genre d'usage. Imprégnez-en la surface d'une éponge naturelle humide, puis tamponnez la peinture sur du papier jaune citron. Laissez sécher et découpez un cercle de 4,5 cm de diamètre.*

2 *Pliez à angle droit l'extrémité d'un fil de fer fin de 8 cm de long. Découpez un cercle en carton de 2 cm de diamètre. Percez un trou au centre pour y introduire le bout plié du fil de fer et le coller au carton. Collez un peu de coton hydrophile sur le cercle en carton.*

3 *Recouvrez le coton avec le papier peint à l'éponge, en repliant les bords et en les collant sous le cercle en carton. Suivant le gabarit de la page 95, découpez 2 grandes marguerites dans du papier blanc. Percez un trou au milieu. Passez délicatement les pétales sur une lame de ciseaux pour les courber vers l'extérieur. Enduisez de colle le contour des trous, passez-y le fil de fer et pressez les deux corolles contre le cercle de carton, en les décalant l'une par rapport à l'autre de façon à alterner les pétales. Couvrez la tige de ruban floral.*

Les feuilles d'eucalyptus

1 *Les branches d'eucalyptus sont faciles à fabriquer et très réalistes. Utilisez les gabarits de la page 95 pour découper des petites et des grandes feuilles dans du papier souple. Il faut 4 petites feuilles par rameau ; le nombre des grandes dépend quant à lui de la longueur de tige utilisée. Déposez de la colle sur la patte de 2 petites feuilles et collez-les au sommet d'une tige de fil de fer épais.*

2 *Collez 2 petites feuilles l'une en face de l'autre, orientées perpendiculairement aux premières et à 4 cm en dessous de celles-ci. Continuez de la même façon avec les grandes feuilles, sur toute la longueur de la tige. Entourez-la ensuite d'un ruban floral de 5 mm de large ou de petites bandes de papier de couleur appropriée.*

Le freesia

1 *Pour confectionner les fleurs en boutons, roulez une petite boule de coton en forme d'ovale. Introduisez dedans l'extrémité d'une tige de fer de 5 cm de long. Recouvrez la boule de ruban floral et continuez sur toute la longueur du fil. Fabriquez ainsi 3 boutons par branche : 1 petit, 1 moyen et 1 grand.*

2 *Pour réaliser une jeune fleur en train d'éclore, commencez par plier en deux moitiés égales un fil à étamine jaune, et collez-le par l'extrémité pliée au bout d'une tige de fer de 5 cm de long.*

3 *D'après le gabarit de la page 104, découpez 3 pétales pour la jeune fleur dans du papier léger. Passez délicatement leur bout arrondi sur une lame de ciseaux pour les recourber. Assemblez les pétales en les faisant se chevaucher à la base et collez-les ensemble ainsi disposés.*

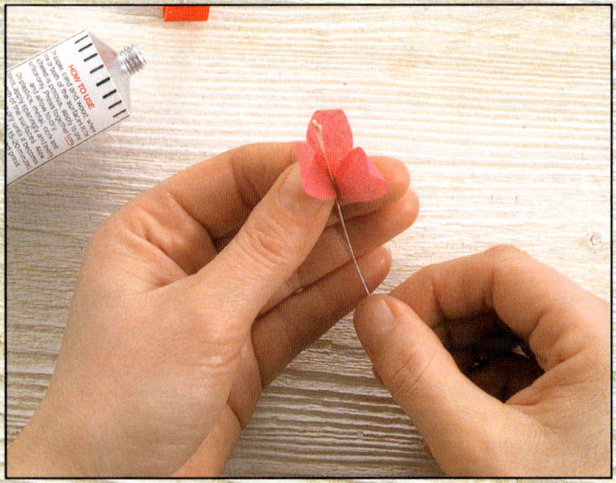

4 *Enroulez les 3 pétales réunis autour de la base des étamines et fixez-les à la tige avec du ruban floral.*

5 *Pour confectionner une fleur épanouie, pliez en deux 3 fils à étamines et collez-les par leur base au bout d'un fil de fer de 5 cm de long. Suivant le gabarit de la page 104, découpez 6 pétales de freesia. Passez le bout arrondi des pétales sur une lame de ciseaux pour les recourber. Préparez, comme décrit précédemment, deux ensembles de 3 pétales. Superposez les deux ensembles en les décalant, de façon à alterner les pétales au sommet de la fleur, et collez-les ainsi par leur base.*

6 *Collez les pétales autour des étamines, puis reliez-les à la tige avec du ruban floral. Utilisez le ruban pour fixer le petit bouton à l'extrémité d'un fil de fer épais. A mesure que vous enroulez, ajoutez successivement le moyen, le gros bouton, la fleur en train d'éclore, puis la fleur épanouie, chacun à 1,5 cm d'intervalle. Recourbez la tige au-dessus de la grande fleur, ainsi que celles de la petite fleur et des boutons, afin de donner au rameau une courbure naturelle.*

La pâquerette

1 *Recourbez en crochet l'extrémité d'un fil de fer fin, puis collez une boule de coton autour du crochet. Recouvrez-la d'un cercle de papier jaune de 2,5 cm de diamètre.*

2 *A l'aide du gabarit de la page 104, découpez 1 pâquerette dans du papier blanc et souple. Pratiquez en son centre un trou de 4 mm de diamètre. Encollez le pourtour du trou, passez-y le fil de fer, puis pressez la corolle contre le cœur jaune. Enfin, habillez la base de la fleur et la tige avec du ruban floral.*

Merveilles du jardin

Les adeptes de la bêche et du râteau se plongeront avec plaisir dans les pages qui suivent, directement inspirées de thèmes jardiniers. Reprenez les idées que vous y trouverez pour reproduire votre propre jardin en miniature, ou même créer des maquettes de vos futurs schémas de plantations. Recréez vos petits coins favoris sous la forme d'attrayants panneaux à accrocher aux murs, ou d'une resserre de jardin que vous conserverez en intérieur et où vous pourrez toujours vous réfugier pour jardiner – par l'esprit – les jours de pluie.

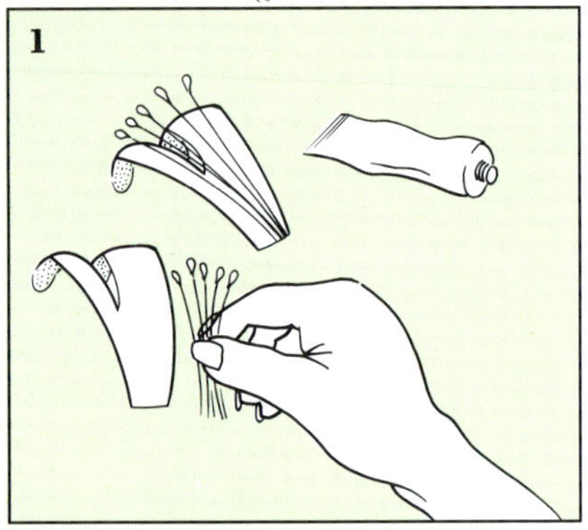

1 *En vous servant des gabarits de la page 90, découpez 4 boutons de chèvrefeuille dans du papier de couleur crème et 4 fleurs dans du papier jaune. Prenez 10 fils à étamines dont vous supprimerez les têtes à l'une des extrémités. Passez-les, ainsi que les bouts arrondis des boutons et des fleurs, sur une lame de ciseaux pour les incurver. Collez les fils à étamines par bouquets de 5 à la base des pétales.*

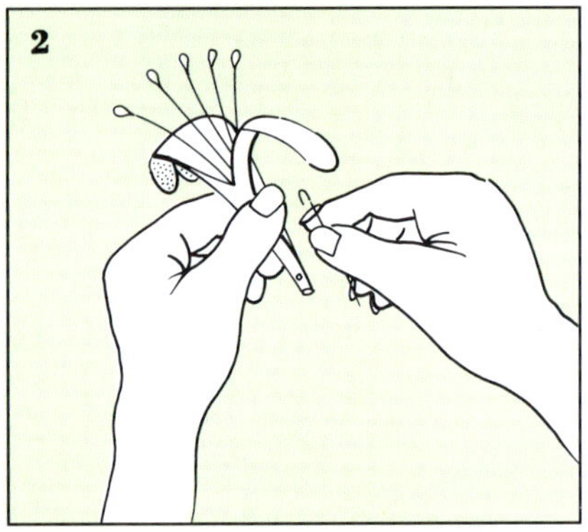

2 *Enroulez les pétales autour des fils sur leur longueur et collez-en les bords pour former la fleur. Percez un trou à 4 mm de la base de chaque bouton et chaque fleur. Coupez 6 cm de fil de fer fin, recourbez-en l'une des extrémités et introduisez le crochet ainsi formé dans le trou.*

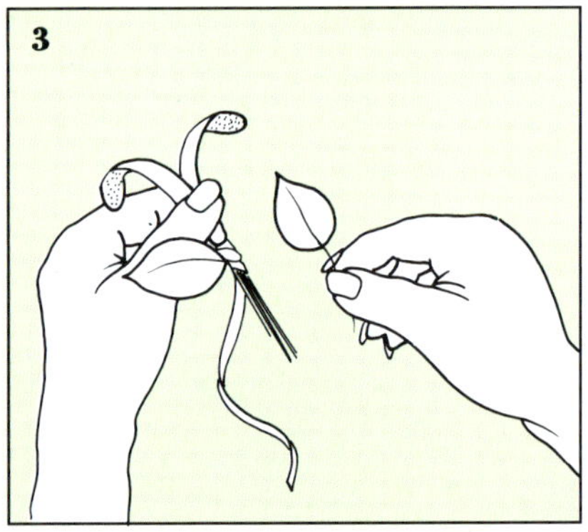

3 *Toujours d'après les gabarits de la page 90, découpez ensuite 6 petites, 4 moyennes et 2 grandes feuilles de chèvrefeuille dans du papier vert foncé. Fixez-les sur le fil gainé vert en suivant la méthode de montage décrite en page 14. Assemblez 2 boutons et 2 petites feuilles avec du ruban floral vert de 6 mm de large. Recommencez l'opération avec les autres boutons.*

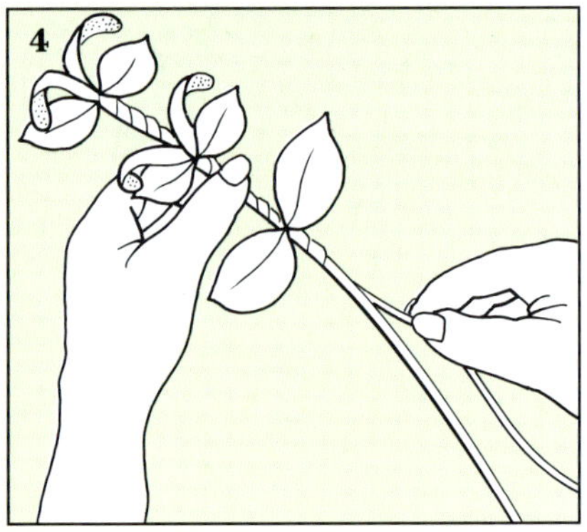

4 *De la même façon, assemblez 2 fleurs avec 2 petites feuilles, puis avec 2 feuilles moyennes. Fixez l'une des paires de boutons montées à l'extrémité d'un gros fil de fer de 24 cm de long avec du ruban floral de 6 mm de large. Continuez de recouvrir la tige, puis ajoutez, à intervalles réguliers de 3 cm, l'autre jeu de boutons, une paire de feuilles moyennes, une paire de fleurs à petites feuilles, une paire de fleurs à feuilles moyennes et une paire de grosses feuilles. Confectionnez ainsi environ 18 tiges, en variant la couleur des boutons et des fleurs.*

▼ *Sur cette claie de jardin, les tiges grimpantes du chèvrefeuille seront du plus bel effet.*

▲ *Faites entrer le jardin dans la maison grâce à cette claie d'un nouveau genre garnie de jolies fleurs de clématite aux vibrantes couleurs.*

1 *Découpez 2 grandes fleurs de clématite dans du papier de soie blanc, d'après le gabarit de la page 90. Peignez-les à l'encre de Chine carmin, du milieu vers l'extérieur. Laissez-les sécher, puis assemblez-les d'un point de colle au centre, en alternant les pétales. Avec de la colle en bombe, superposez deux feuilles de papier de soie jaune. Découpez une bande de 12 x 2 cm et une autre de 7 x 2,5 cm. Frangez chaque bande d'un côté, sur toute la longueur, en coupant avec soin le bout des franges en biseau.*

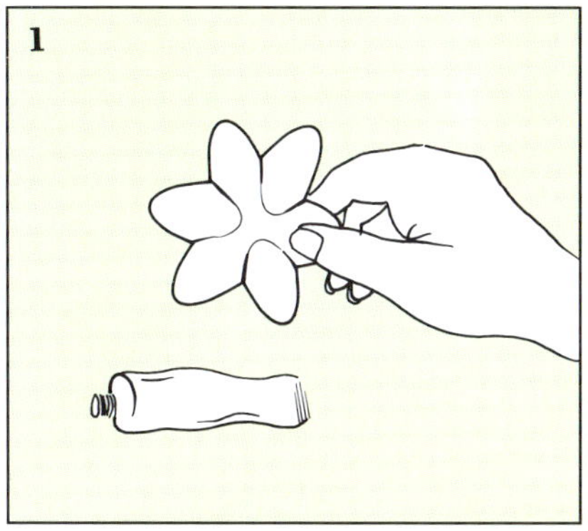

2 *Recourbez en crochet l'extrémité d'un fil de fer fin de 11 cm de long. Glissez le crochet entre les franges, à l'extrémité de la première bande. Enduisez la base de colle sur toute sa longueur, puis enroulez fermement la bande autour du crochet. Percez un trou au centre de la fleur. Encollez le tour du trou, passez-y le fil de fer et pressez la corolle contre les étamines. D'après le gabarit de la page 90, découpez 1 feuille dans du papier vert et montez-la sur un fil de fer comme décrit en page 14. Couvrez de ruban floral la base de la fleur et sa tige de fer en incorporant la feuille. Confectionnez environ 18 fleurs de la même manière.*

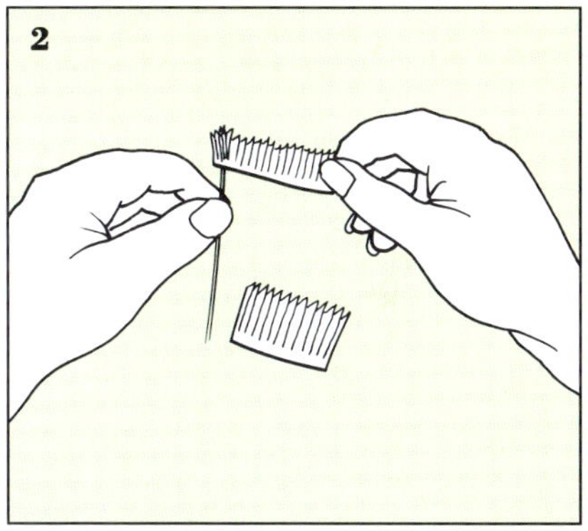

3 *Encollez un panneau de carton de montage de 59 x 42 cm de colle en bombe et recouvrez-le d'un papier texturé de votre choix. Découpez des bandes de 3,5 cm de large dans du carton de montage et disposez-les en croisillons sur le panneau, à intervalles de 7 cm. Découpez les extrémités pour qu'elles coïncident avec le bord du panneau.*

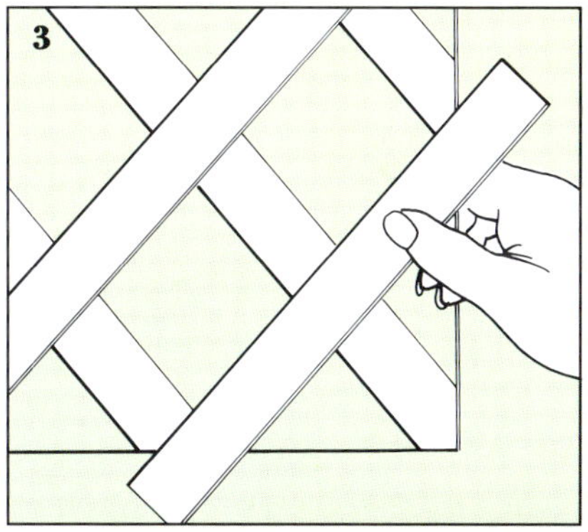

4 *Découpez de la même façon quatre bandes pour former le cadre de la claie, qui devra dépasser de 6 mm les bords du panneau de fond. Soignez les angles. Une fois toutes les bandes de la claie découpées, habillez-les de papier bois, puis fixez-les sur le panneau. Celles qui forment le treillage ne doivent être encollées que par leurs extrémités, tandis que celles du cadre le seront sur toute leur longueur. Glissez enfin les fleurs par leur tige derrière les lattes de la claie.*

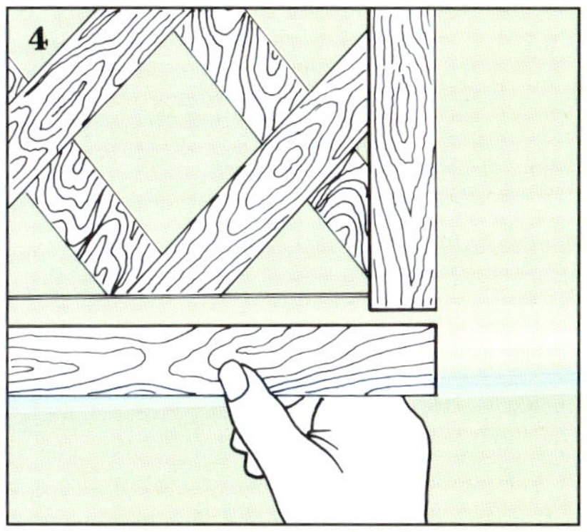

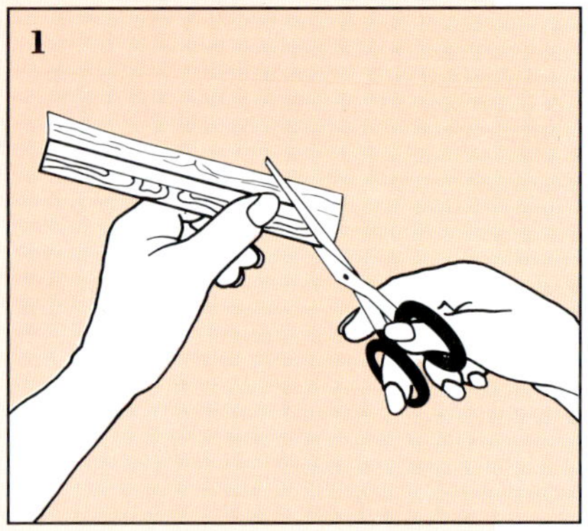

1 *En utilisant la colle en bombe, habillez de papier bois les faces externes d'un caisson de 28,5 x 19 cm ; collez un papier texturé imitant la pierre sur le bord interne qui figurera le sol. Découpez une plaque de 17 x 4,2 cm de carton de montage pour confectionner le plateau de la table et recouvrez-le de similicuir rouge. Suivant les gabarits de la page 91, découpez dans du carton de montage le rebord de la fenêtre, les pieds, les cadres de fenêtre et de la porte ainsi que le montant central de la fenêtre. Recouvrez tous ces éléments de papier bois, que vous retaillerez pour bien l'ajuster aux extrémités.*

2 *Collez les pieds sous la table ; sous les bords frontal et droit du plateau – qui ne seront pas en appui contre un mur –, disposez-les en retrait de 5 mm. Collez l'ensemble dans la partie inférieure gauche de la boîte-cadre, en appui sur le fond et les bords.*

3 *Dans un magazine, découpez une photo de jardin carrée de 8,5 cm de côté et une photo rectangulaire de 17,5 x 8 cm. Pour la fenêtre, collez la photo carrée sur le fond, centrée au-dessus de la table, le bord inférieur aligné sur le plateau. Pour la porte, collez la photo rectangulaire à 1,5 cm du bord droit de la boîte-cadre, et jusqu'au sol. Découpez un film transparent d'acétate au format de la photo carrée et collez-le sur celle-ci par quelques points de colle sur le pourtour.*

4 *Collez le rebord et le cadre de fenêtre sur le fond, en prenant soin de recouvrir les bords de la photo. Fixez de même le montant central. Procédez de façon identique pour disposer le cadre de la porte, en retaillant les bandes par la base si nécessaire, afin de les ajuster à la boîte-cadre. Découpez un rectangle dans du carton de montage, aux dimensions du cadre intérieur de la porte, qui en formera le battant. Recouvrez-le de papier bois.*

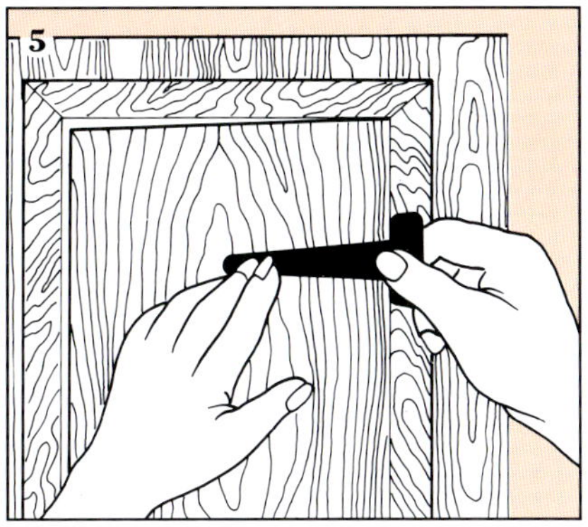

5 *Collez la porte entrebâillée sur le bord droit du cadre, en la tenant ainsi durant le séchage. Vaporisez de la peinture métallisée sur du papier noir. Après séchage, découpez-y les 2 charnières et la poignée, d'après les gabarits de la page 91. Collez les charnières à cheval sur la porte et son cadre. Collez la poignée sur la porte par ses empattements, en prenant soin de l'incurver. Fabriquez un panier en vous reportant au paragraphe 9 de la page 29, et une cagette suivant le paragraphe 4 de la page 56.*

◀ *Cet intérieur de resserre de jardinage est plein de petits détails très réalistes. Les dimensions données ici correspondent à celles de la boîte servant de cadre, mais vous pouvez les adapter à un support de mensurations différentes.*

6 *Appliquez de la bande autocollante plastique verte sur les deux faces d'une pièce de papier recyclé épais. Découpez-y le seau, puis, dans du papier orange, les pots de fleurs, d'après les gabarits de la page 91. Formez-les en superposant les extrémités sur 6 mm et collez-les ainsi. Percez deux trous dans le seau pour y introduire les extrémités recourbées de l'anse, que vous aurez préparée en fil de fer. Découpez de minces bandes de papier orange et collez-les sur le rebord des pots.*

7 *Formez le sac dans une bande de papier recyclé de 11 x 6,5 cm, en superposant et collant les extrémités. Fermez le bas par des agrafes. Placez à l'intérieur un peu de mousse de fleuriste et collez un peu de terre à la surface. Pour figurer les paquets de graines, découpez des photos de fleurs rectangulaires. Collez des brindilles de 6,5 cm de long autour d'un bâton pour faire le balai, et nouez-les avec une ficelle. Reportez-vous aux paragraphes 2 et 3 de la page 64 et au paragraphe 7 de la page 57 pour confectionner 8 oignons et 3 tomates.*

8 *Tressez des brins de raphia et nouez les extrémités. Collez les oignons le long de la tresse. Liez un petit bouquet de fleurs séchées avec de la ficelle. Fixez deux vis à œillet dans le « plafond », puis attachez-y la tresse et le bouquet de fleurs. Dans du carton argenté, découpez une truelle selon le gabarit de la page 91. Coupez 2,5 cm de l'extrémité d'un cure-dent pour former le manche, peignez-le. Quand il est sec, fendez en deux l'extrémité pointue à l'aide d'un cuter et insérez la truelle dans la fente.*

9 *Peignez en vert les deux faces d'un morceau de carton léger. Quand il est sec, découpez-y la fourche d'après le gabarit de la page 91, puis un rectangle de 2,5 x 2,2 cm pour faire la bêche. Recourbez légèrement les bords de la truelle et de la bêche. Pour les manches, prenez deux cure-dents dont vous supprimerez l'une des extrémités pointues. Fixez la fourche et la bêche à l'autre extrémité de la même façon que la truelle. Coupez deux bouts de cure-dents de 1,5 cm puis collez-les au sommet des manches.*

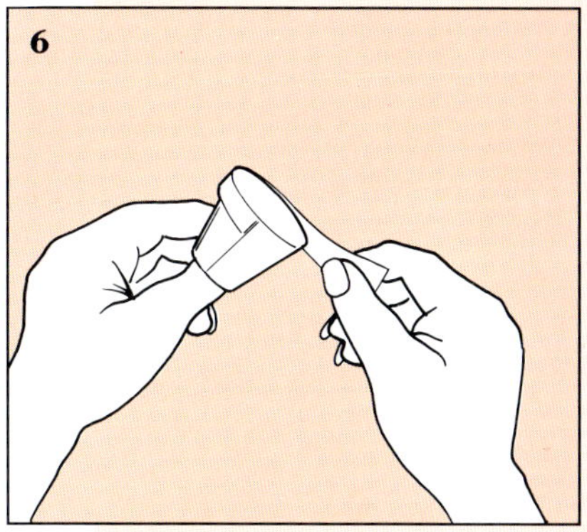

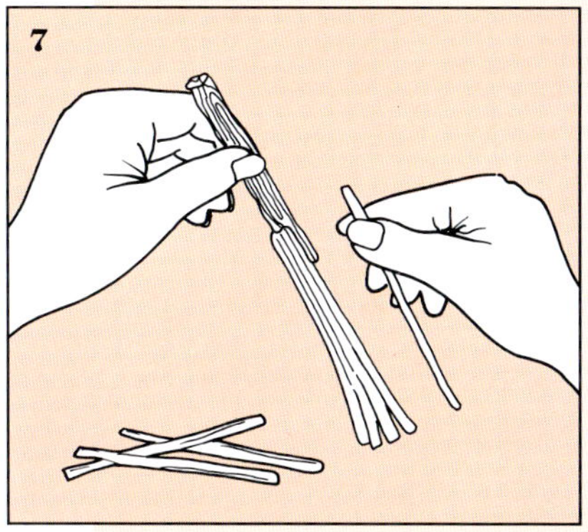

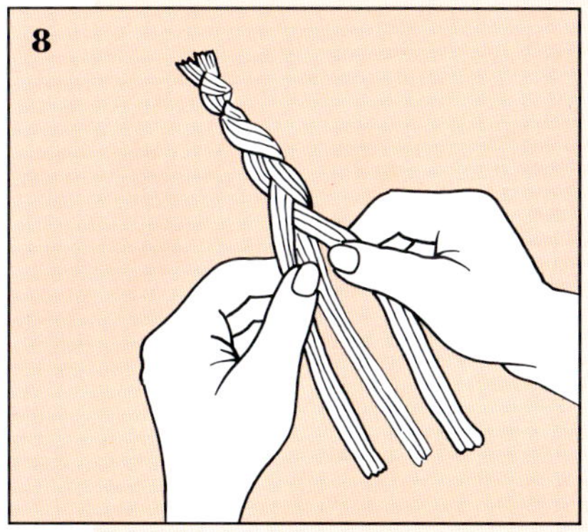

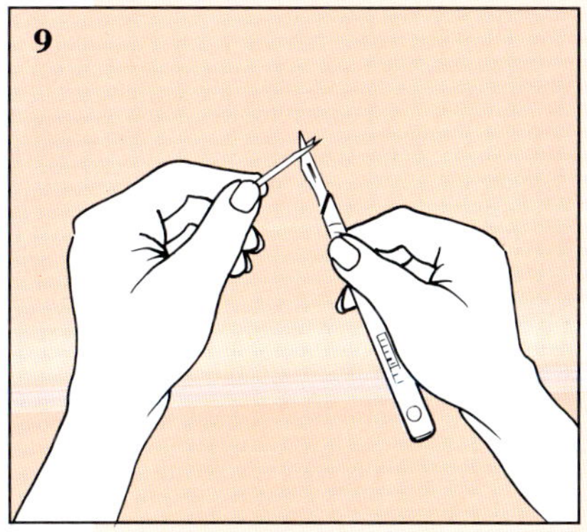

Merveilles du jardin

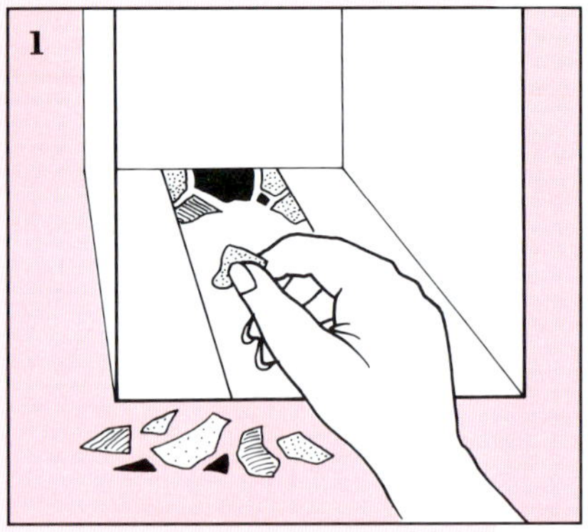

Découpez l'une des petites faces d'une boîte à chaussures. Posez la boîte verticalement sur la face opposée en retaillant si nécessaire le bord supérieur à la hauteur de 24 cm. Adaptez le couvercle aux mêmes dimensions, en l'évidant pour former en son centre la porte en arcade. Habillez tous les « murs », intérieurs comme extérieurs, de papier imitation pierre. Au sol, dans le prolongement de la porte, délimitez une allée. Peignez du papier d'une couleur pierre foncée ; découpez-y des pavés de formes variées et collez-les sur l'allée.

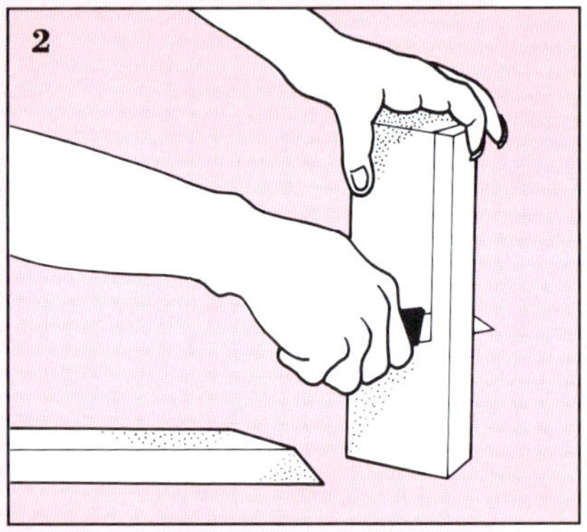

2 *Découpez deux blocs de mousse de fleuriste de 2 cm d'épaisseur pour former les parterres de chaque côté de l'allée. Retaillez les tranches bordant l'allée en biseau, couvrez de papier brun puis collez les parterres en place. Préparez la structure du lierre avec du gros fil de fer, en fixant d'abord les « branches » à l'aide de masking, puis en recouvrant l'ensemble de ruban floral marron. Piquez-le dans un parterre et collez-le, en faisant courir les branches le long des murs.*

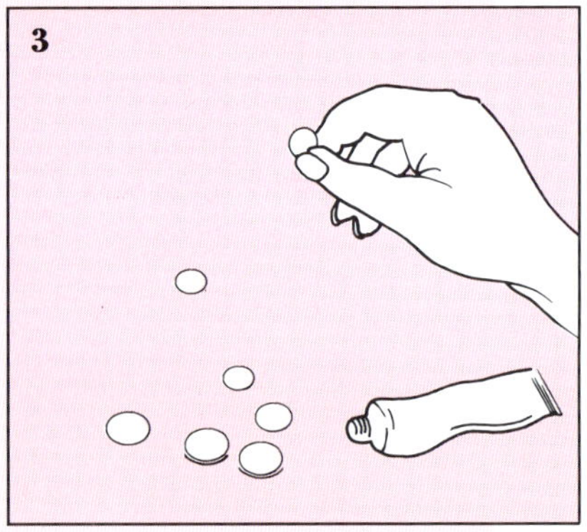

3 *Découpez de petites feuilles de lierre dans du papier vert foncé. Collez-les sur les branches. Pour les marguerites, découpez des cercles de 1 cm de diamètre dans du papier de couleur. Assemblez-les par deux d'un point de colle au centre. Frangez le pourtour à l'aide d'une paire de ciseaux.*

▶ *Ce patio enchanteur a été réalisé dans une boîte à chaussures. Le panier de fleurs coupées est le petit détail qui parachève le tableau.*

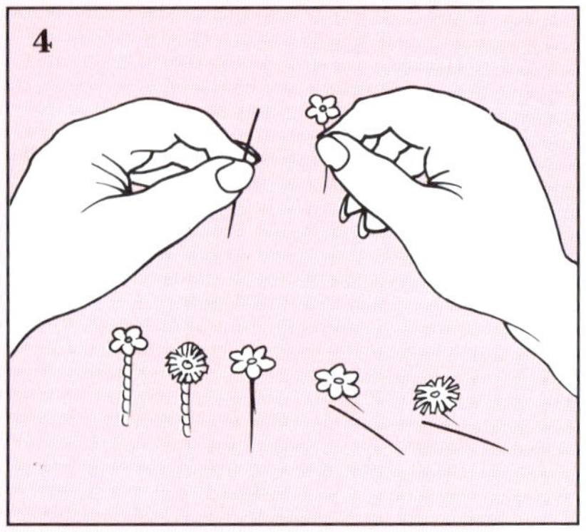

4 *Utilisez le gabarit de myosotis de la page 104 pour découper, dans du papier rouge, les corolles de ce qui sera ici des coquelicots. Percez un trou au centre des marguerites et des coquelicots pour y enfiler un fil à étamine à bout jaune ou noir. Fixez-les par un point de colle autour du trou, au verso de la fleur. Montez chaque fleur sur un fil de fer plus épais, recouvert de ruban floral. Pour les pivoines, découpez des cercles de 2 cm de diamètre dans du papier de soie. Assemblez-les d'un point de colle au centre.*

5

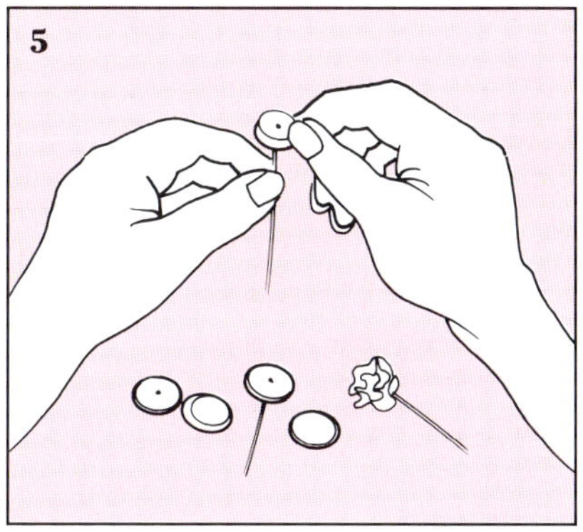

5 *Percez un trou au centre de chaque pivoine pour y introduire l'extrémité d'un fil gainé vert assez épais. Placez un point de colle au centre de la fleur pour fixer l'extrémité du fil, puis relevez les corolles de papier en les resserrant autour du centre. Vous pourrez les déployer par la suite, après séchage. Découpez 3 petites feuilles dans du papier vert, puis collez-les sous la fleur.*

6

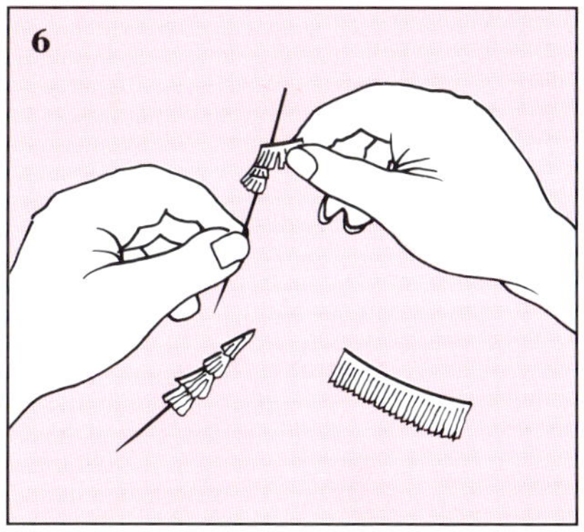

6 *Pour fabriquer une hampe de faux aloès, découpez une bande de papier jaune de 3,5 x 1,2 cm et une bande de papier rouge de 7 x 1,2 cm. Frangez-les d'un côté sur toute la longueur. Collez la frange jaune sur un gros fil gainé vert de 8,5 cm de long, en partant à 3 cm du bout et en remontant en spirale jusqu'à l'extrémité. Superposez la frange rouge en procédant de la même façon.*

7

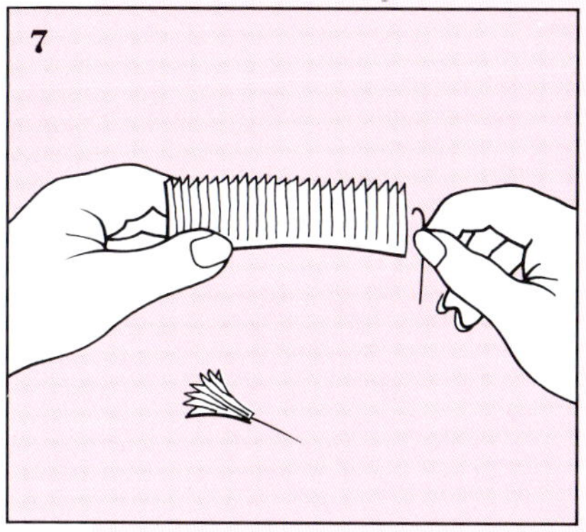

7 *Les fougères sont réalisées dans des bandes de papier vert de 16 x 4,5 cm. Frangez et biseautez-les d'un côté sur toute la longueur. Courbez en crochet le bout d'une tige de fer, glissez-le entre les franges, puis enroulez et collez la bande autour du crochet. Piquez vos plantes en papier et de petites fleurs séchées dans les parterres. Découpez des rectangles de 3 x 1 cm et de 4 x 1,5 cm aux angles arrondis dans du papier texturé pour figurer les briques. Collez des petites briques, pliées en deux, à cheval autour de la porte.*

8

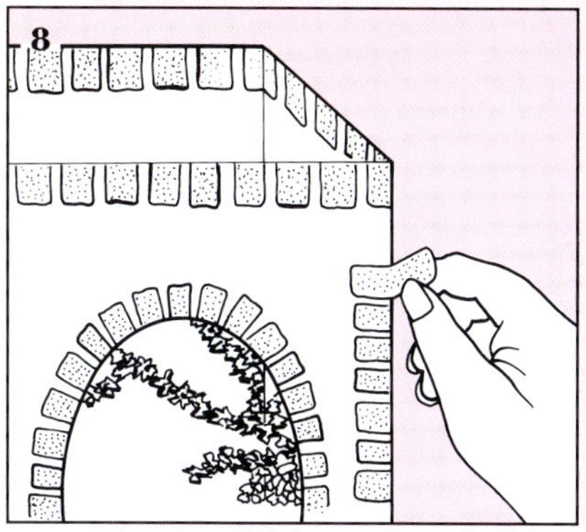

8 *Collez de la même façon les grosses briques au sommet de la boîte, puis les petites sur les arêtes frontales. Pour réaliser le bassin à oiseaux, découpez un carré de 3,5 cm dans du carton de montage. Collez dessus verticalement un tourillon de bois de 5 cm de long et de 1 cm de diamètre, enroulé dans une bande de carton ondulé léger. Découpez une alvéole de boîte à œufs en carton à 1,2 cm de hauteur, en ondulant le rebord. Collez-la au sommet du tourillon. Peignez le tout en gris.*

9

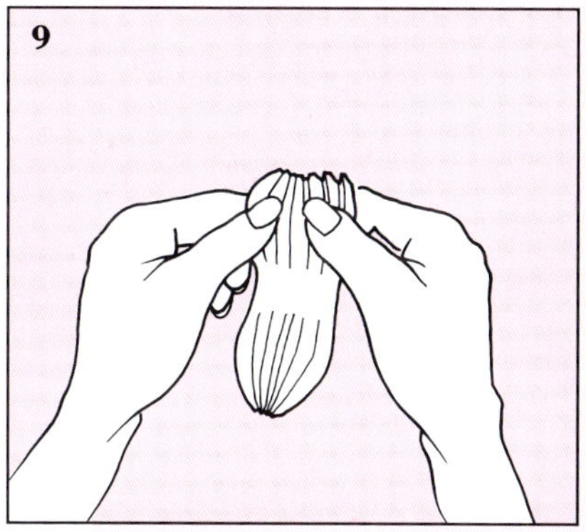

9 *Collez dos à dos, à l'aide de colle en bombe, deux pièces de papier bois pin. Répétez l'opération avec du papier bois chêne. D'après le gabarit de la page 91, découpez le panier dans le papier bois pin. Séparez les lattes, formez le panier en superposant les pointes des lattes et collez-les ainsi. Découpez des bandes de 18 cm x 6 mm et de 12 cm x 6 mm dans le papier bois chêne. Collez la grande bande autour du panier pour former le rebord. Avec la petite, fabriquez l'anse en collant les deux extrémités sous le panier.*

10

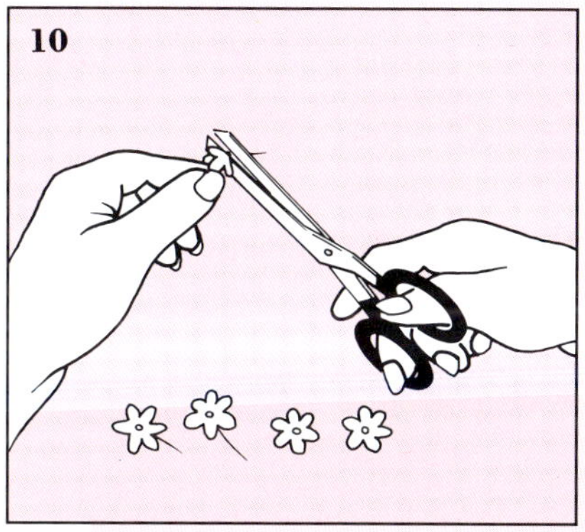

10 *Confectionnez les branches de la clématite de la même façon que celles du lierre. Collez-les sur la face frontale, autour de la porte. Découpez des petites feuilles dans du papier vert et collez-les sur les branches. Collez deux couches de papier de soie lilas et découpez-y des petites fleurs d'après le gabarit de la page 90. Percez un trou au centre des fleurs et passez-y un fil à étamine à bout jaune. Fixez par un point de colle au verso. Coupez les tiges au ras des fleurs. Collez les fleurs sur les branches.*

1 *Préparez un gabarit pour les fleurs en traçant un cercle de 6 cm de diamètre dans du carton léger. Découpez-le en créant des ondulations sur la circonférence. Utilisez ce gabarit pour tracer et découper les fleurs dans du papier rouge et blanc crème. Dessinez un cœur sur chaque fleur à l'aide d'un marqueur doré fin.*

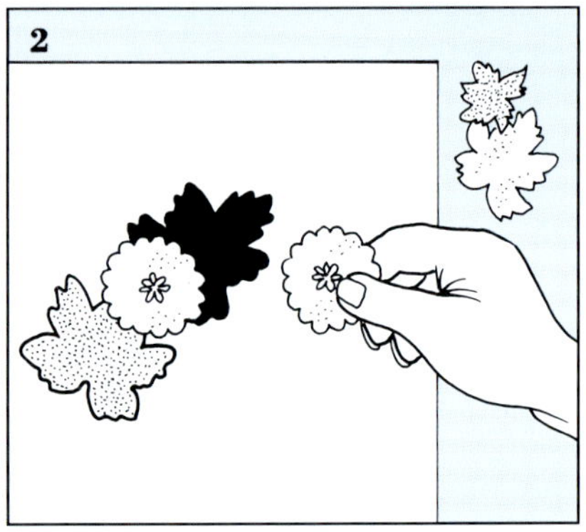

2 *A l'aide du gabarit de la page 92, découpez des feuilles de chrysanthème dans du papier texturé de divers tons de rouge. Disposez fleurs et feuilles sur du papier-cadeau doré.*

3 *Lorsque vous aurez trouvé la disposition qui vous satisfait, fixez fleurs et feuilles avec de la colle en bombe.*

4 *Coupez 2 tiges de bambou dont la longueur dépassera de 8 cm la largeur de votre panneau de fond et peignez-les en doré. Laissez sécher, puis fixez-les à la colle forte au sommet et à la base du panneau. Fixez une attache en cordelette dorée sur le bambou supérieur.*

▶ *Ce panneau mural stylisé d'inspiration japonaise introduira dans votre salon une touche de sérénité orientale.*

1 *Peignez du papier tontisse en marron foncé et laissez sécher. Créez un dessin stylisé représentant une touffe de roseaux. Reportez chaque élément du dessin sur du papier-calque pour en faire des gabarits que vous découperez. Réalisez les feuilles des roseaux dans du papier vert, les tiges dans du papier écru et les quenouilles dans le papier tontisse. Disposez les éléments sur du carton bleu et collez-les.*

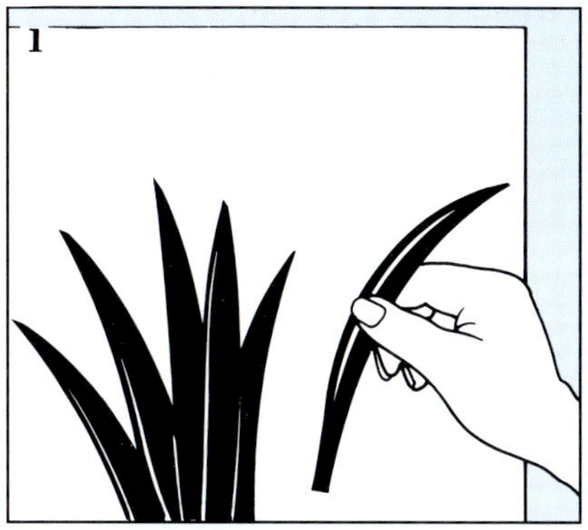

2 *A l'aide du gabarit de la page 90, découpez 8 grosses fleurs de clématite dans du papier jaune. Assemblez-les par paires, en alternant la disposition des pétales lors du collage.*

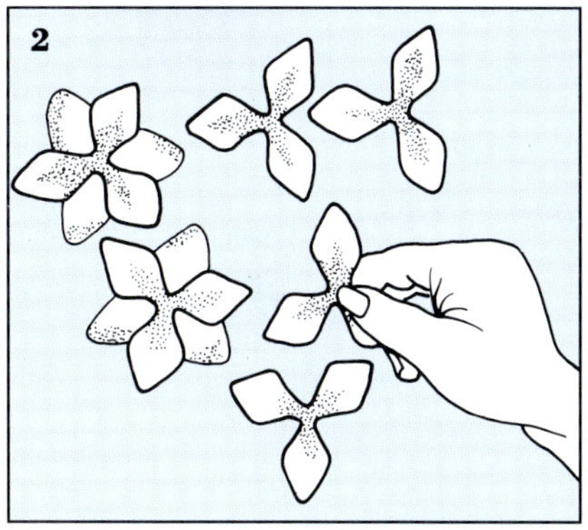

3 *Répétez l'opération avec les ensembles obtenus, toujours en alternant la position des pétales, afin d'obtenir 2 grosses fleurs à 12 pétales.*

4 *Découpez de fines bandes effilées de papier orange pour représenter les étamines. Collez-les en rayonnant à partir du cœur des fleurs. Enfin, collez les fleurs sur le tableau.*

▲ *Ce collage naïf, évoquant les berges paisibles d'un jardin d'eau, est facile à réaliser et peut faire un charmant petit cadeau.*

Bouquets immortels

Faites mentir Ronsard en créant des bouquets et des compositions d'intérieur, de roses ou autres, qui dureront bien plus que l'espace d'un matin. Plus de problèmes pour vous procurer les fleurs qui s'harmoniseront parfaitement dans telle pièce de votre intérieur, même hors saison ! Et vous pourrez vous offrir des bouquets encore plus gros sans grever votre budget.

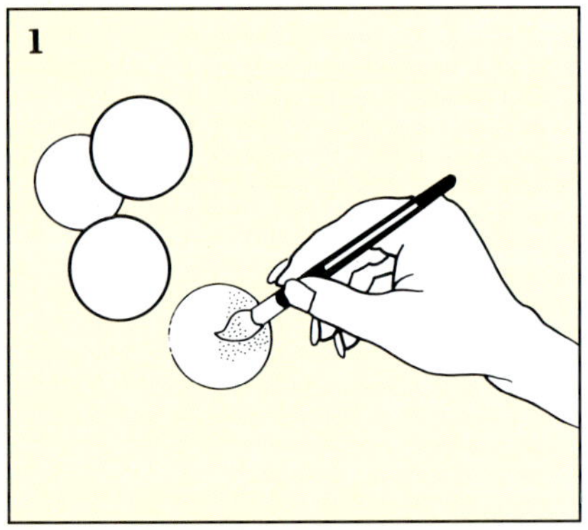

1 *Pour un rameau de delphinium, découpez 28 cercles de 9 cm de diamètre dans du papier de soie blanc. Avec de l'encre de Chine, préparez un mélange d'outremer, de violet et de blanc en quantités égales (ou variez la proportion du blanc selon la densité de couleur que vous voulez donner aux fleurs). Peignez-en les cercles de papier de soie. Après séchage, découpez 16 delphiniums de grand modèle et 12 petits d'après les gabarits de la page 92.*

2 *Découpez 14 cœurs de delphinium dans du papier de soie blanc, d'après le gabarit de la page 92. Humidifiez-les au pinceau, puis laissez sécher. Assemblez les grands delphiniums par paires d'un point de colle en leur milieu, en alternant les pétales. Faites de même avec les petits. Collez ensuite un cœur sur chaque fleur et percez un trou au centre. Séparez en deux moitiés 28 fils à étamines noirs. Préparez 14 morceaux de fil de fer fin de 6 cm de long et collez les fils à étamines par 4 à leur extrémité.*

3 *Déposez de la colle autour du trou central de chaque fleur. Passez une tige portant les étamines dans le trou, puis remontez la corolle en la resserrant autour des étamines. Recouvrez la base des fleurs et leur tige de ruban floral vert. Suivant le gabarit de la page 92, découpez 1 feuille de delphinium dans du papier vert. Montez-la sur tige selon la méthode décrite en page 14.*

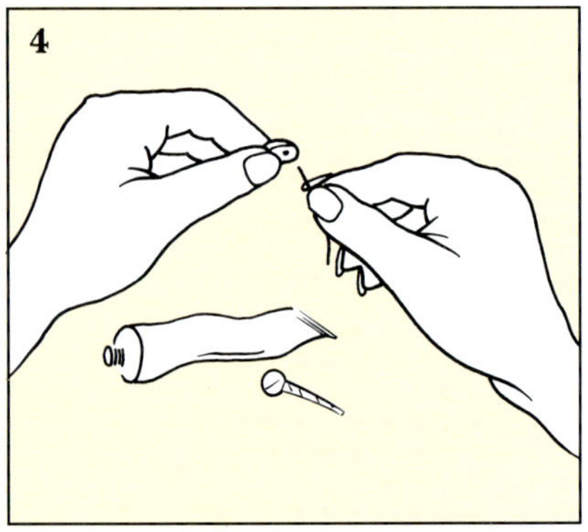

4 *Pour fabriquer les fleurs en boutons, formez 2 boules ovales à partir de morceaux de ruban floral vert de 1 cm de long. Percez un trou dans les boules, déposez de la colle au bout de 2 fils de fer fin de 5 cm de long et introduisez-les dans les boules. Recouvrez les fils de ruban floral en reliant leur extrémité à celle d'un fil à bonsaï de 50 cm de long. Incurvez les boutons vers le bas. Continuez de recouvrir le fil à bonsaï de ruban floral, en fixant 2 petits delphiniums à 3 cm sous le sommet.*

▲ *Ce vase de roses pâles offre une composition classique convenant à tous les types d'intérieurs. Dans une chambre d'amis, il constituera un joli gage de bienvenue.*

◀ *La douce fraîcheur bleue des delphiniums et des scabieuses crée une ambiance apaisante.*

5 *Montez les petites fleurs de delphinium restantes en les fixant deux à deux, chaque paire séparée des autres par des intervalles de 3 cm. Puis, de la même manière, incorporez les grandes fleurs en portant les intervalles à 4 cm. Ajoutez la feuille à 8 cm environ sous les dernières fleurs.*

6 *Pour chaque scabieuse, découpez 2 cercles de papier de soie blanc de 9 cm de diamètre. Peignez-les, en partant du milieu, avec la base de mélange d'encres de Chine déjà utilisé. Laissez sécher puis, à l'aide du gabarit de la page 95, découpez 1 fleur dans chaque cercle. Assemblez-les d'un point de colle central en alternant les pétales. Découpez 1 cœur pour chaque fleur, suivant le gabarit de la page 95, et collez-les au milieu.*

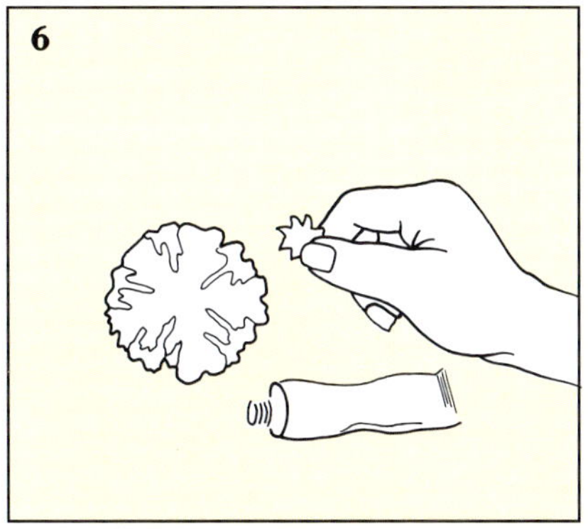

7 *Choisissez des fils à étamines à grosses têtes vertes (ou blanches que vous peindrez en vert). Assemblez-les en bouquets de 28 têtes, encollez-les et recouvrez les tiges de ruban floral. Pratiquez un trou au milieu des fleurs, apposez de la colle autour et introduisez-y les fils à étamines. Collez, puis reliez la tige à un fil à bonsaï à l'aide de ruban floral. Découpez un jeu de sépales dans du papier vert à l'aide du gabarit de la page 95. Passez les pointes sur une lame de ciseaux pour les incurver. Collez les sépales sous les scabieuses.*

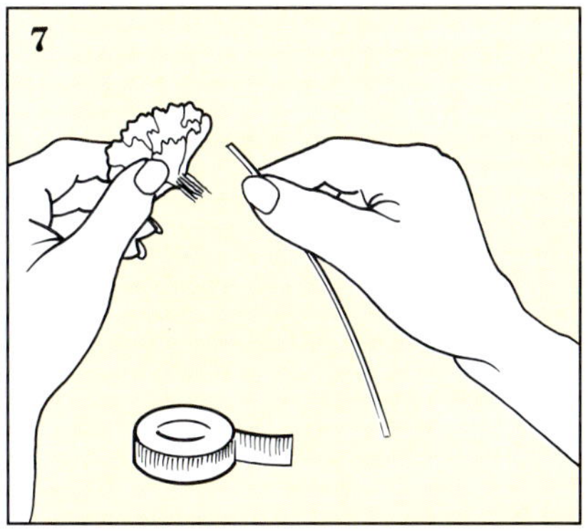

8 *En répétant les opérations décrites en pages 16-17, confectionnez des roses épanouies dans du papier blanc léger ou du papier crépon abricot. Suivant le gabarit de la page 104, découpez 5 feuilles de ficus panaché dans du papier écru et peignez le motif central en vert. Montez les feuilles sur du fil gainé, selon la méthode décrite en page 14, l'une sur 30 cm, les quatre autres sur 5 cm de tige. Montez les feuilles à queue courte sur celle à longue queue à l'aide de ruban floral.*

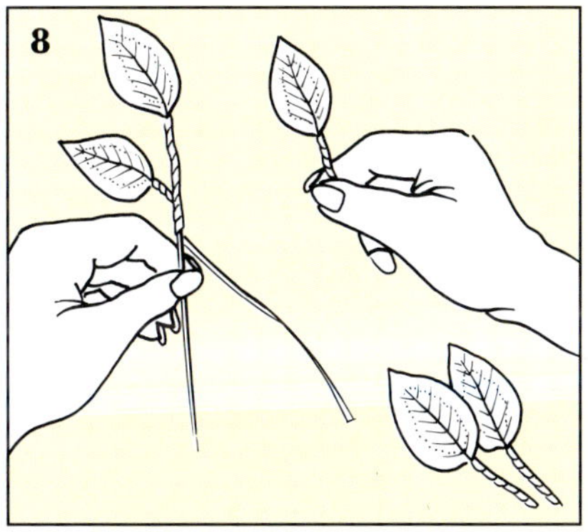

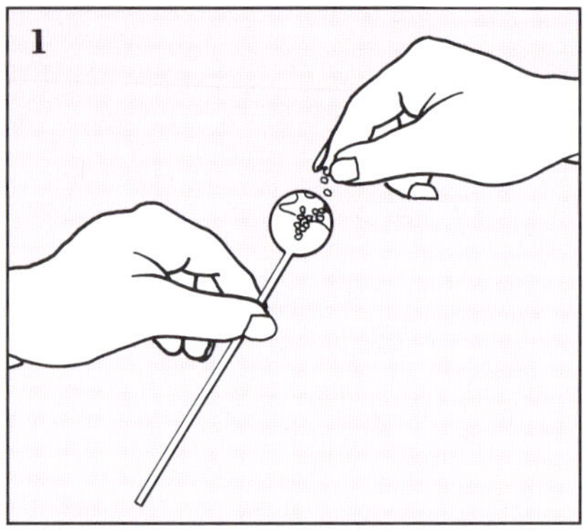

1 Déposez de la colle sur l'une des extrémités de 2 tiges de fil de fer épais. Introduisez chacune d'elles dans une boule de coton de 3 cm de diamètre : elles serviront à réaliser une fleur et un bouton. Peignez les boules à la peinture bronze. Déposez de la colle à reliure en forme d'étoile au sommet des boules et saupoudrez de graines de sésame. Laissez sécher et éliminez le surplus. Peignez les graines en marron.

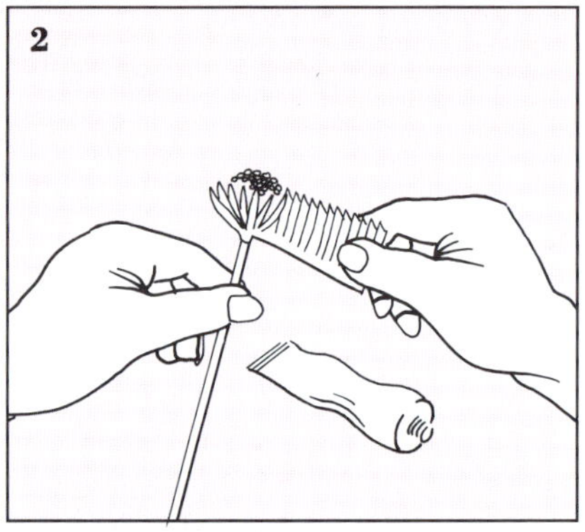

2 Pour figurer les étamines, découpez une bande de 15 x 6 cm dans du papier marron foncé. Frangez un côté sur toute la longueur et enroulez la bande autour de la boule, de sorte que les étamines entourent bien cette dernière. D'après le gabarit de la page 93, découpez 10 pétales dans du papier mauve léger. Pour réaliser les pavots ci-contre, nous avons employé du papier de fabrication artisanale.

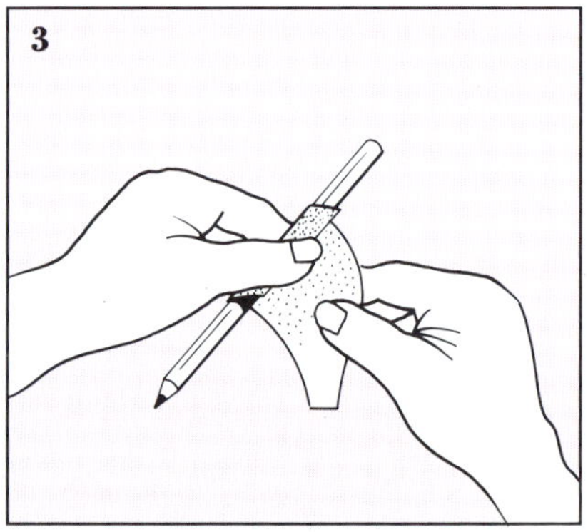

3 Enroulez les bords des pétales autour d'un crayon pour les incurver. Collez 5 pétales par leur bord rectiligne au sommet de la tige, juste sous la boule, puis ajoutez les autres en seconde couche. D'après le gabarit de la page 93, découpez un jeu de sépales ainsi que 1 feuille dans du papier vert. Collez les sépales autour de la base de la fleur. Enroulez leur extrémité autour d'un crayon afin de les incurver vers l'extérieur.

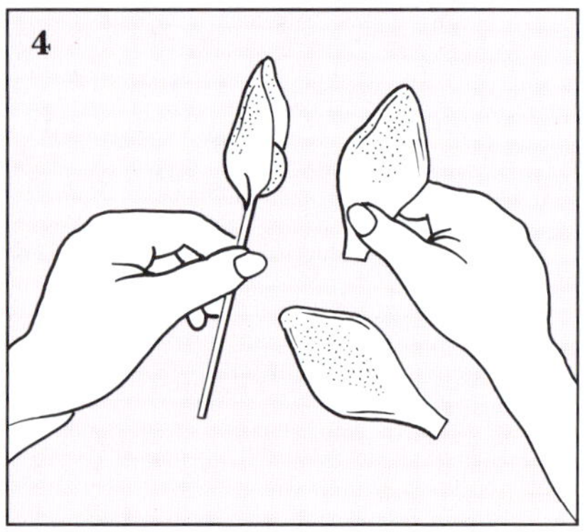

4 Montez la feuille sur du fil gainé vert suivant la méthode décrite en page 14. Pour réaliser une fleur en bouton, découpez 3 pétales de bouton d'après le gabarit de la page 93. Collez-les autour de la boule en faisant se chevaucher les bords. En utilisant le même gabarit, découpez 1 sépale dans du papier vert, puis enveloppez-en le bouton, en collant sa base rectiligne sur le fil. A partir de la fleur, enroulez une bande de papier vert de 6 mm de large autour de la tige, en posant de la colle à mesure de la progression. Fixez la feuille et le bouton à 12 cm sous la fleur.

▲ *Pour égayer ce petit panier, choisissez des anémones aux couleurs vives, mais optez pour des tons pastel si vous voulez un effet plus apaisant.*

◀ *Les pavots sauront, en toute occasion, manifester leur majesté.*

1 *D'après le gabarit de la page 92, découpez, pour chaque anémone, 8 pétales dans du papier de soie mauve, rouge ou magenta. Humidifiez les pétales à l'aide d'un pinceau et laissez-les sécher. Découpez un cercle de papier de soie noir de 4 cm de diamètre, froissez-le en boule serrée, puis redépliez-le. Recourbez l'extrémité d'un fil de fer fin en crochet et collez une boule de coton hydrophile autour du crochet.*

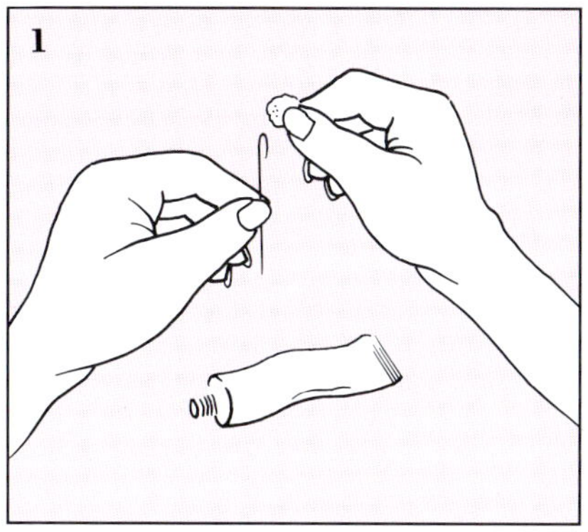

2 *Enveloppez la boule de coton dans le cercle de papier noir, dont vous collerez la circonférence à la base, sur la tige de fer. Préparez une bande de papier de soie noir de 22 x 2,5 cm pour faire les étamines. Frangez un côté sur toute la longueur et taillez le sommet des étamines en pointe. Enduisez de colle le bord rectiligne, puis enroulez-le autour de la boule formant le cœur de la fleur. Passez les bords des pétales sur une lame de ciseaux afin de les enrouler un peu sur eux-mêmes.*

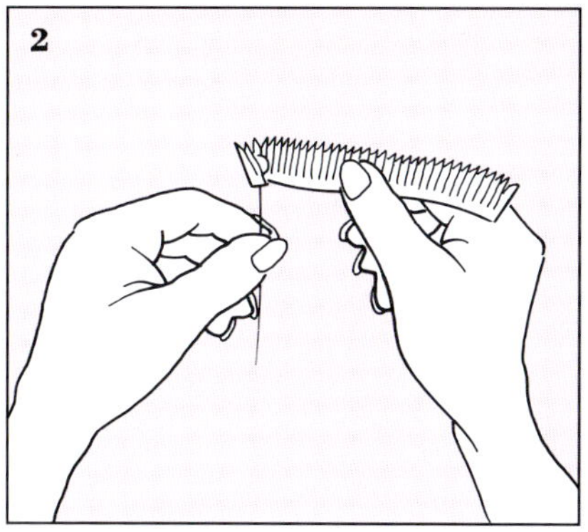

3 *Collez 4 pétales autour du cœur de la fleur, en les disposant de sorte qu'ils s'enroulent vers l'intérieur. Collez les 4 autres en seconde couche, en position alternée avec ceux de la première couche. Habillez la base de la fleur et la tige de fer de ruban floral de 6 mm de large. Collez un morceau de mousse de fleuriste au fond du panier choisi.*

Fabriquez assez d'anémones pour remplir le panier ; piquez-les dans la mousse.

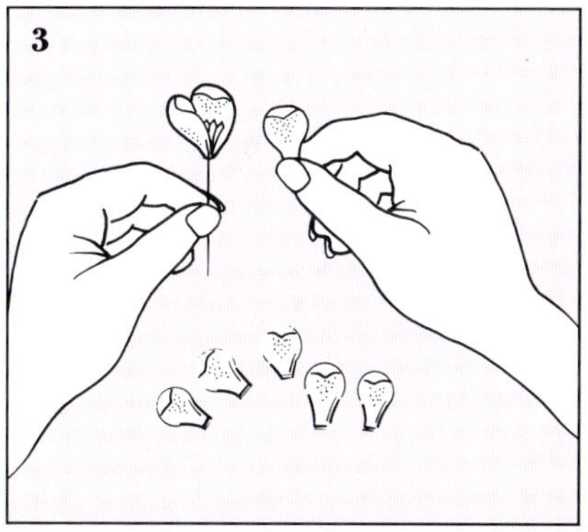

4 *Découpez des bandes de papier vert de 12 x 5 cm afin de confectionner le feuillage. Frangez un côté sur toute la longueur, en taillant l'extrémité des franges en pointe. Recourbez le bout d'une tige de fil de fer fin en crochet et glissez-le entre les franges à une extrémité de la bande. Enroulez autour du crochet et collez. Reliez la base du feuillage à la tige en les habillant de ruban floral de 6 mm de large. Arrangez les branches de feuillage parmi les fleurs.*

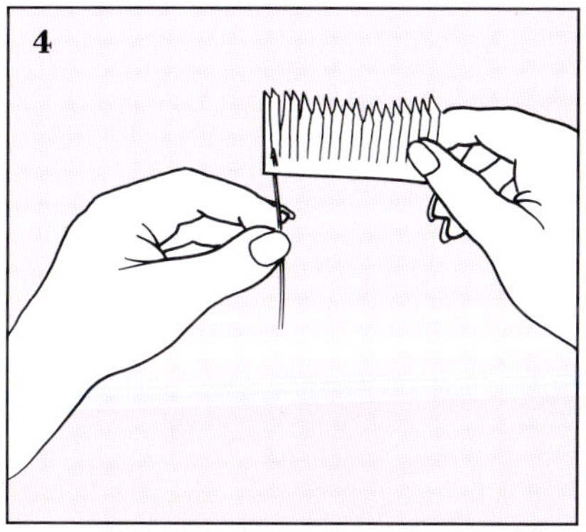

1
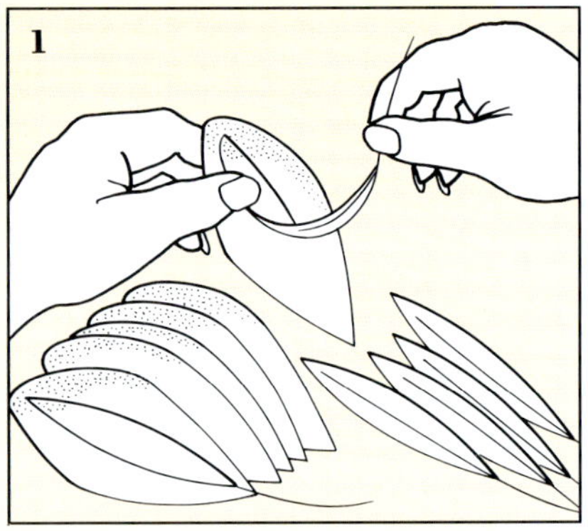

2
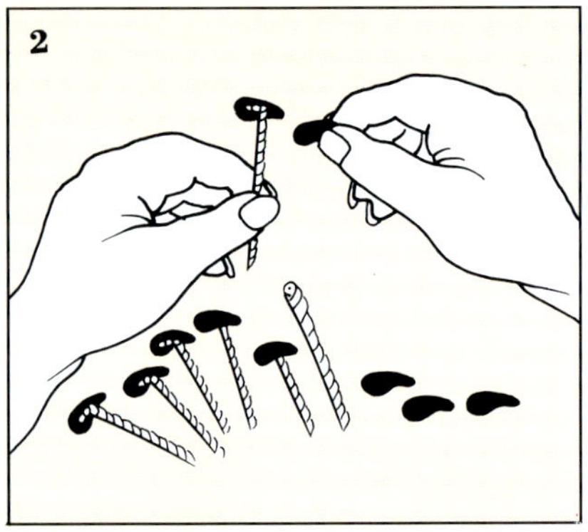

3
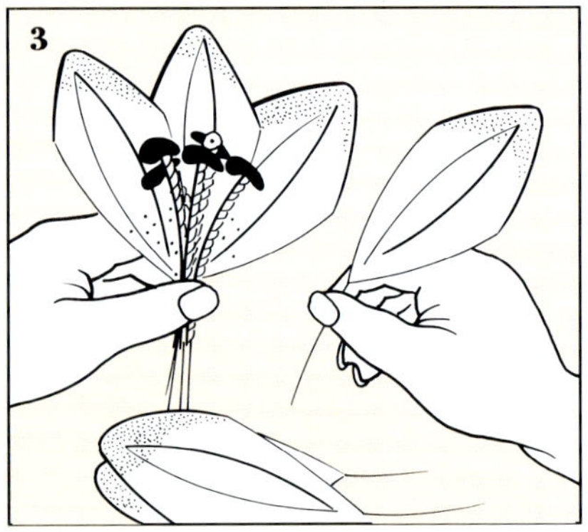

4
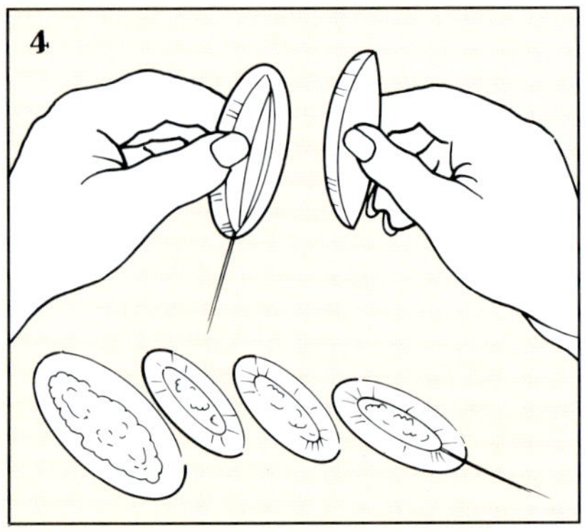

▶ *Appréciez l'élégance raffinée des lis tigrés !*

1 *Pour réaliser un rameau, découpez 12 pétales et leurs 12 bandes centrales dans du papier orange, d'après les gabarits de la page 93. Montez chaque bande sur un fil de fer de 18 cm de long, celui-ci devant courir sur presque toute la longueur des bandes. Collez ces dernières ainsi montées au centre des pétales. Sur la partie inférieure des pétales, dessinez des points au crayon marron.*

2 *Habillez 14 fils de fer fins de 8 cm de longueur de fines bandelettes de papier orange. Enroulez-en une plus grande épaisseur à l'extrémité de 2 d'entre eux et marquez-les au sommet d'un trait de crayon marron ; ceux-là représenteront les pistils et leur bulbe terminal. Les 12 autres formeront les filets des étamines. D'après le gabarit de la page 93, découpez 24 anthères dans du carton marron. Pliez à angle droit l'extrémité des filets d'étamines et collez-les entre deux anthères.*

3 *Les étamines achevées, réunissez-les par 6 autour de chaque pistil. Puis disposez 6 pétales autour des étamines et liez l'ensemble, à la base de la fleur, avec les tiges par une bandelette de papier vert. Suivant les gabarits de la page 93, découpez 4 feuilles, 3 gros et 6 petits boutons dans du papier vert. Montez les feuilles sur tige d'après la méthode décrite en page 14.*

4 *Collez du coton au centre de chaque pièce de bouton. Rabattez leur pourtour de 6 mm sur la masse de coton. Coupez 3 longueurs de fil de fer fin de 12,5 cm, puis collez-les au bout de 1 grosse et de 2 petites pièces de bouton. Encollez les bords rabattus et assemblez chaque pièce montée avec deux autres pièces non montées de même taille, de façon à constituer des boutons allongés de section triangulaire. Autour de la base des boutons et de leur tige, enroulez une bandelette de papier vert. Les mêmes bandelettes serviront à monter une fleur au bout d'un fil de fer épais, suivie des boutons, puis de l'autre fleur et des feuilles.*

▲ *Où que vous les disposiez, ces remarquables tournesols ne manqueront pas d'attirer les regards.*

1 *Découpez un cercle de carton de 10 cm de diamètre, puis percez un trou au centre. Pliez à angle droit l'extrémité d'un fil à bonsaï. Introduisez la partie repliée dans le trou et collez-la sur la surface supérieure du cercle. Garnissez ensuite cette surface d'une couche de coton hydrophile ou de kapok sur 1,5 cm d'épaisseur environ.*

2 *Découpez un cercle de 14 cm de diamètre dans du papier velours ou de l'essuie-tout ménager. Peignez-le en marron et laissez sécher. Posez-le à plat, face peinte contre la table, et retournez dessus, bien au centre, le cercle de carton garni de coton et monté sur sa tige. Pratiquez des entailles dans le papier dépassant du cercle, rabattez les pattes ainsi formées et collez-les derrière le cercle en carton, en emprisonnant la bourre de coton. Découpez une bande de papier jaune de 70 x 8 cm, divisez-la sur toute sa longueur en 28 sections de 2,5 cm de large, en ménageant toutefois à la base une bande de 1,5 cm de large sur toute la longueur. Donnez à chaque section une forme de pétale achevé en pointe émoussée.*

3 *Au dos de la fleur, tracez les quatre quarts du cercle. Collez la bande de pétales autour du cercle, en froissant sa base rectiligne pour l'arrondir et en faisant tenir 7 pétales dans chaque quart. D'après les gabarits de la page 94, découpez 1 calice et 1 feuille dans du papier vert. Relevez les pétales autour du cœur de la fleur. Passez les pointes du calice et les pétales sur une lame de ciseaux pour les incurver vers l'extérieur.*

4 *Percez un trou au centre du calice, passez la tige à travers, puis collez le calice au dos de la fleur. Montez la feuille sur une tige selon la méthode décrite en page 14. Habillez la tige de la fleur de ruban floral en fixant la feuille 15 cm sous la fleur. Inclinez la tête de la fleur vers l'avant.*

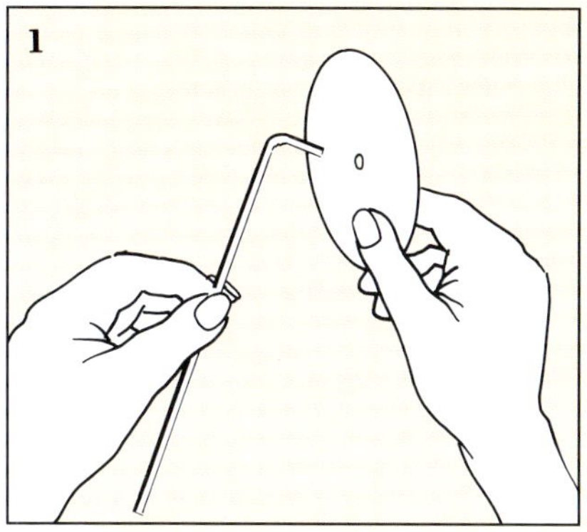

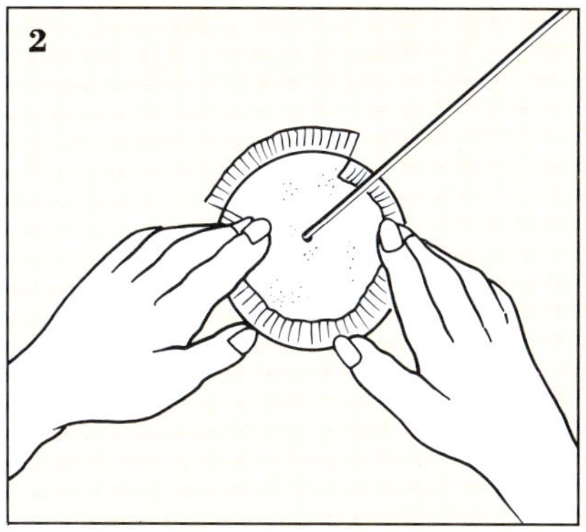

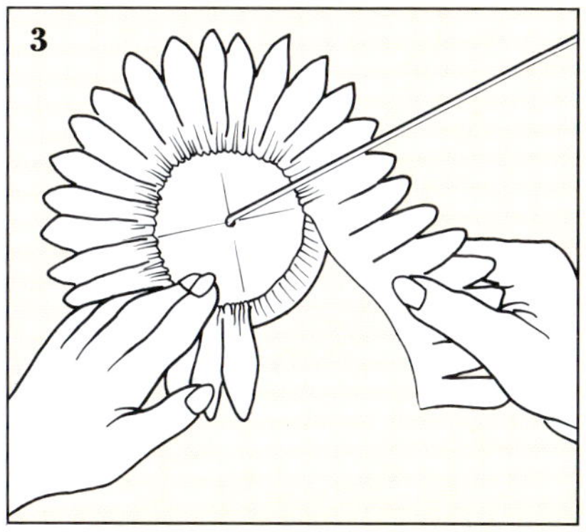

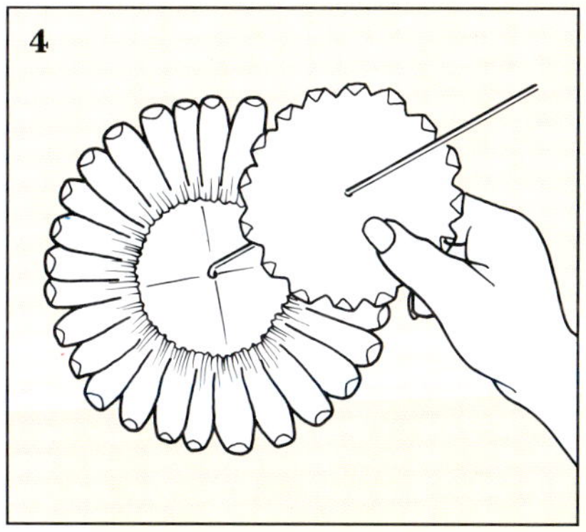

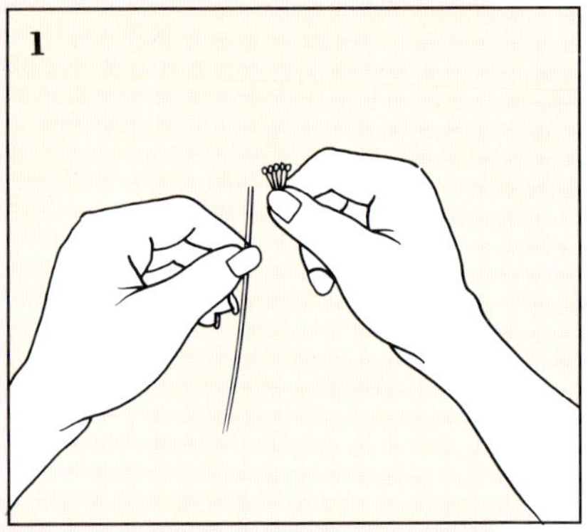

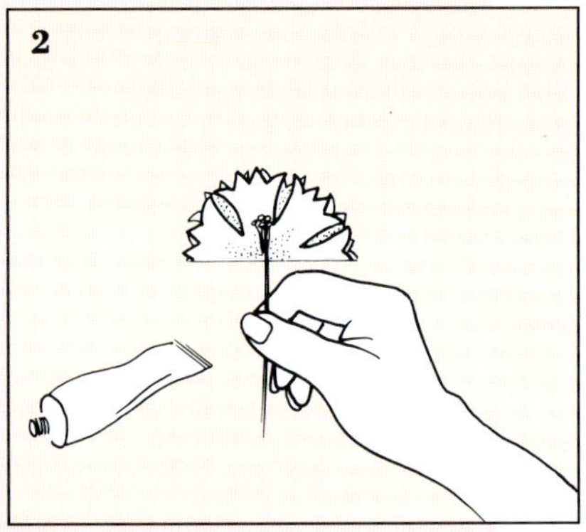

1 *Collez de la mousse de fleuriste dans un panier d'osier et piquez-y des graminées séchées, en disposant les plus courtes au premier plan. Confectionnez des coquelicots et des pâquerettes en procédant comme indiqué en pages 17 et 21. Pour fabriquer un bleuet, découpez cinq cercles de 7 cm de diamètre dans du papier de soie blanc. Mélangez en quantités égales des encres de Chine outremer et violet, et ajoutez un peu de blanc. Peignez les cercles de l'extérieur vers le centre. Collez 5 têtes de fils à étamines noirs à l'extrémité d'un fil de fer fin.*

2 *En suivant les gabarits de la page 94, découpez 5 bleuets dans les cercles peints en bleu. Pliez 1 corolle en deux afin que les pétales se disposent en s'alternant. Placez les étamines montées au centre de la demi-corolle (voir illustration), déposez un point de colle à la base et enroulez les pétales autour des étamines.*

▲ *Récupérez un joli chapeau de poupée et ornez-le de fleurs colorées ; vous pourrez l'accrocher au mur d'une chambre d'enfant. Fabriquez une grande marguerite suivant la méthode décrite en page 18, puis des bleuets en papier rouge comme indiqué dans ces pages. Collez-les sur le chapeau. Rehaussez le tout de campanules et de bleuets jaunes, ces derniers étant réalisés avec un seul jeu de pétales.*

3 Percez les 4 corolles restantes en leur centre et déposez un peu de colle autour des trous. Enfilez-les successivement sur la tige de la fleur et collez-les en les resserrant autour du premier élément monté. Habillez la base de la fleur et la tige de ruban floral de 6 mm de large.

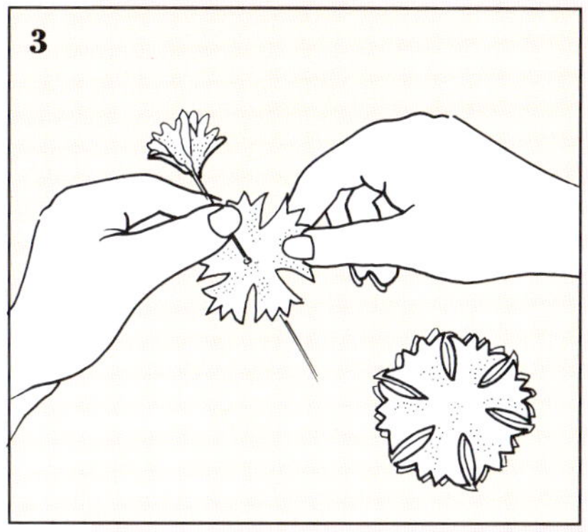

4 Pour réaliser une campanule, préparez d'abord, avec de l'encre de Chine, un mélange en quantités égales d'outremer, de violet et de blanc. Peignez-en une feuille de papier de soie. Après séchage, découpez la campanule d'après le gabarit de la page 94. Passez les pointes sur une lame de ciseaux afin de les incurver vers l'extérieur. Enroulez la pièce obtenue autour d'une pointe de crayon en faisant se chevaucher les deux bords de 2 mm environ. Collez-les ainsi pour former une corolle conique. Sur la tête d'un fil à étamine à bout lilas, déposez un petit point de peinture verte. Introduisez le fil dans la corolle de la campanule.

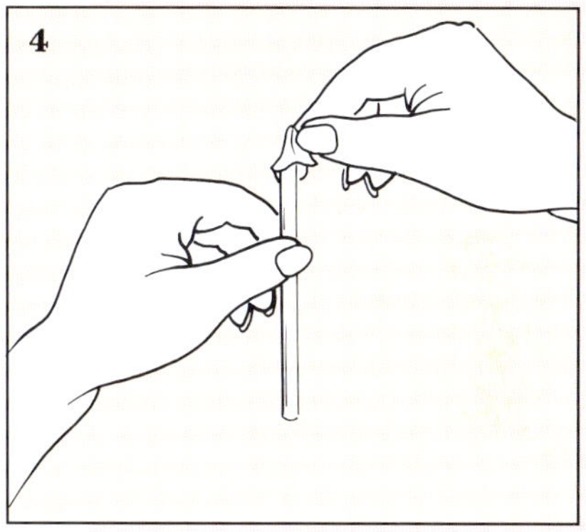

5 Fixez la corolle sur le fil à étamines d'un point de colle à la base, sous la fleur, puis collez à son tour le fil à étamine au bout d'une tige de fil de fer fin. Recourbez l'extrémité de quatre sections de fil gainé.

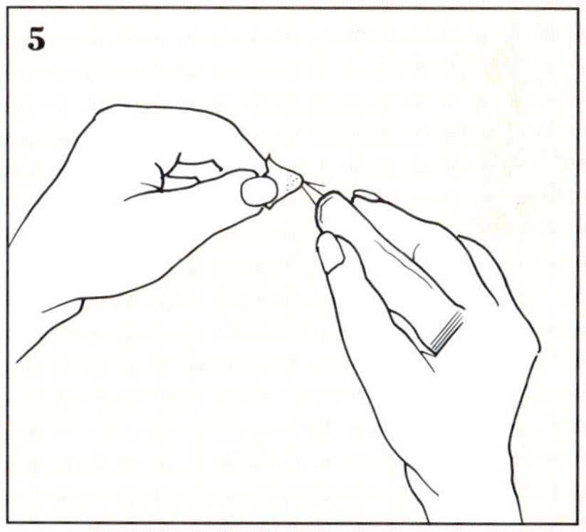

6 Collez les quatre sections recourbées autour de la corolle, en appui sur la tige de la fleur. Une fois l'ensemble bien sec, habillez la tige de ruban floral. Il vous reste à disposer vos fleurs parmi les graminées déjà en place dans le panier.

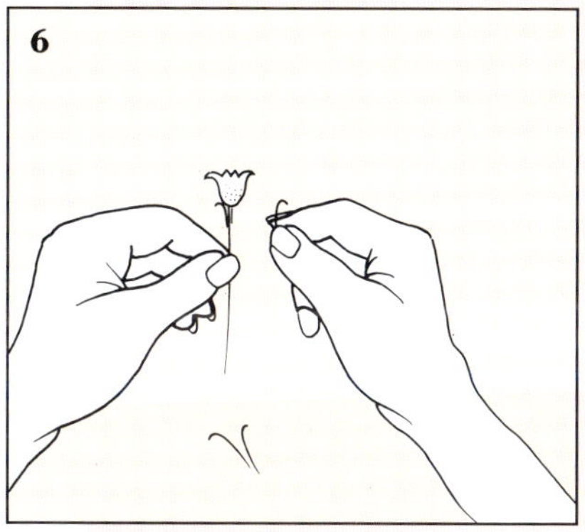

◀ Un panier de fleurs sauvages nichées entre des graminées séchées, et c'est tout le charme d'une prairie d'été qui entre dans la maison !

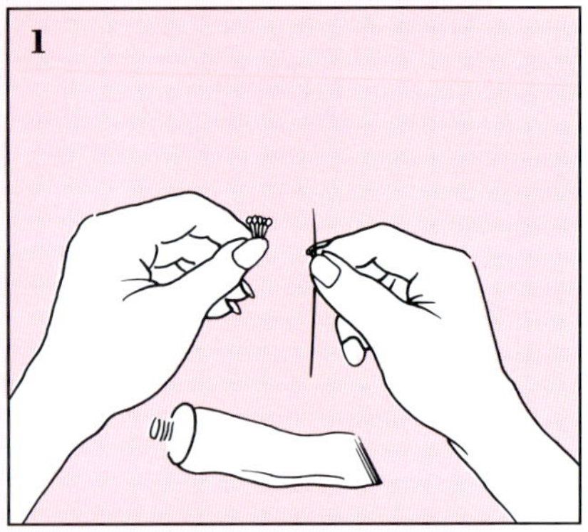

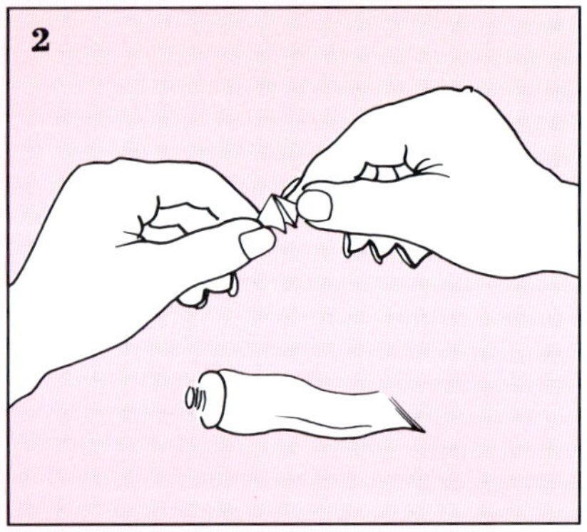

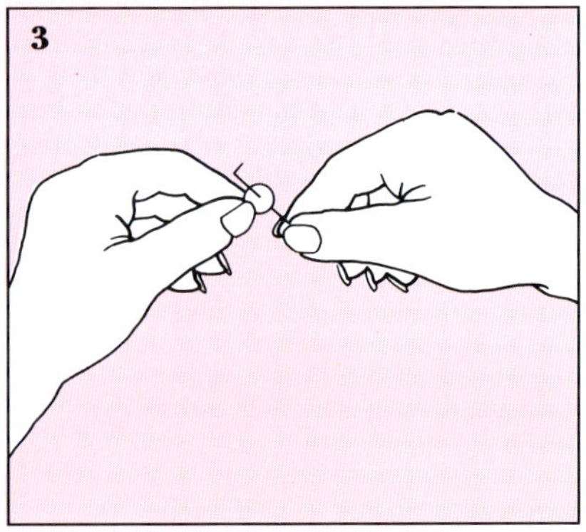

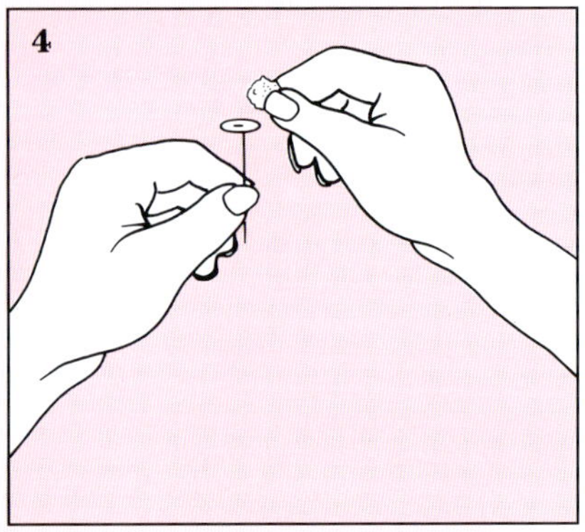

1 *Confectionnez 5 grandes marguerites en suivant la méthode décrite en page 18, et 5 scabieuses d'après les étapes 6 et 7 de la page 35. Pour chaque lavatère, découpez un cercle de 10 cm de diamètre dans du papier de soie blanc. Peignez-le à l'encre de Chine, d'un mélange de blanc additionné d'un peu de carmin et de violet. Laissez sécher, puis découpez 1 lavatère en vous servant du gabarit de la page 94. Pliez 5 fils à étamines jaunes en deux pour obtenir 10 têtes et collez-les sur un fil de fer fin de 7 cm de longueur.*

2 *Mélangez de l'encre de Chine carmin et violette et servez-vous-en pour peindre les têtes d'étamines et tracer des veinules sur les pétales. Percez un trou au centre de la corolle et déposez de la colle autour. Introduisez-y la tige et collez les pétales en les resserrant un peu autour des étamines. Découpez un jeu de sépales de lavatère dans du papier vert, suivant le gabarit de la page 94. Superposez les extrémités pour former un cône et collez-les ainsi. Enduisez de colle l'intérieur du cône, enfilez-le sur la tige et collez-le sous la fleur en plaçant les pointes des sépales entre les pétales. Habillez la base de la fleur et la tige de ruban floral.*

3 *Pour confectionner un souci, déposez une fine couche de peinture marron dans une assiette. Imprégnez-en la surface d'une éponge naturelle humide, puis tamponnez la peinture sur du papier orange. Après séchage, découpez-y des cercles de 2,5 cm de diamètre. Pliez à angle droit le bout d'un fil de fer fin de 8 cm. Découpez un cercle en carton de 1 cm. Percez un trou au milieu du carton. Introduisez le bout plié de la tige dans le trou et collez-le sur le carton.*

4 *Collez du coton hydrophile sur le cercle en carton pour former une bourre. Recouvrez-le d'un des cercles peints à l'éponge, dont les bords doivent être rabattus et collés sous le cercle. Découpez 2 soucis dans du papier orange, en vous référant au gabarit de la page 95. Percez un trou au centre des deux corolles.*

◀ *Montées en couronne, ces quelques fleurs d'été seront du plus bel effet parmi les brins de statice séchés et un feuillage éclatant de verdure.*

▲ *Suspendue à votre porte, une jolie couronne garnie de roses de Noël sera un chaleureux message de bienvenue à la saison des fêtes.*

1 *Déposez de la colle autour des trous, enfilez les deux corolles sur la tige en les pressant contre le cœur. Découpez des feuilles de lierre et de pivoine dans du papier à aquarelle, en utilisant les gabarits des pages 95 et 97. Peignez-les à l'aquarelle verte en marquant les nervures d'un ton plus foncé. Laissez sécher, puis enduisez de vernis brillant. Montez les feuilles sur tige suivant la méthode décrite en page 14. Insérez les feuilles et des branches de statice séchées dans une couronne de mousse de fleuriste.*

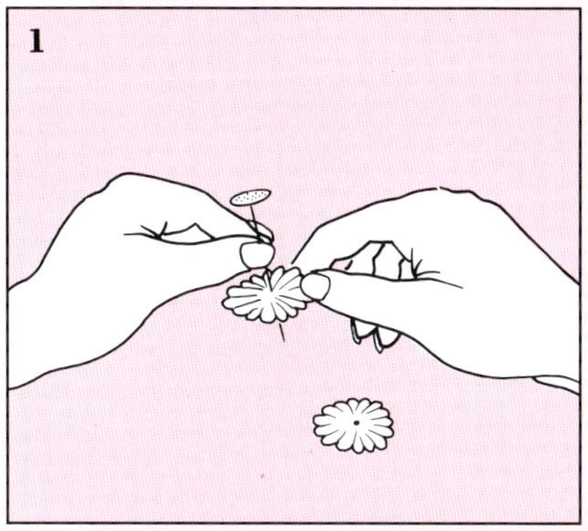

2 *Pour fabriquer une rose de Noël, enduisez de peinture de couleur crème du papier de soie blanc. Laissez sécher puis découpez 5 pétales suivant le gabarit de la page 95. Réunissez 16 têtes de fils à étamines jaunes et collez-les à l'extrémité d'un fil de fer fin. Collez les pétales autour des étamines. Une fois le collage bien sec, écartez les étamines en bouquet. Habillez la base de la fleur et la tige de ruban floral de 6 mm de large. Réalisez ainsi 3 fleurs semblables.*

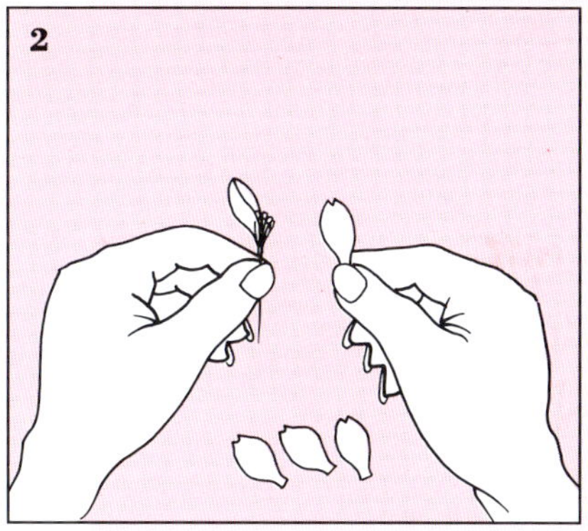

3 *Fabriquez 3 rameaux d'eucalyptus en suivant la méthode décrite en page 19, ainsi que 5 feuilles de lierre en répétant les opérations décrites ci-dessus à l'étape 1.*

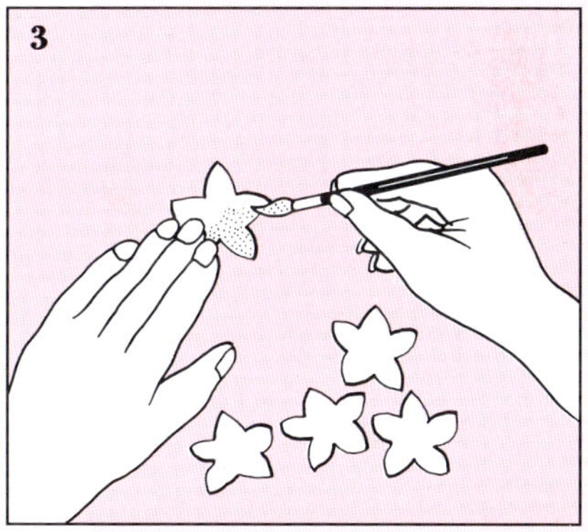

4 *Réunissez en bouquet les roses de Noël, l'eucalyptus et le lierre ; liez-les avec du masking. Dissimulez la bande adhésive à l'aide d'un nœud de ruban renforcé de fil de fer. Enroulez du ruban autour d'une couronne d'osier en fixant les extrémités au dos à l'aide de colle. Collez le bouquet sur la couronne, en incurvant les rameaux afin qu'ils épousent la forme arrondie.*

Belles en pots

Dans ce chapitre, vous verrez que les fleurs et plantes vertes en pots n'ont rien à envier aux autres compositions florales. Et sans nécessiter d'arrosage, de surcroît ! Faites fleurir le jasmin au cœur de l'hiver… il sera toujours là pour vous enchanter au plus chaud de l'été. Appréciez le style du petit arbre de Noël et reprenez l'idée des petites couronnes de printemps.

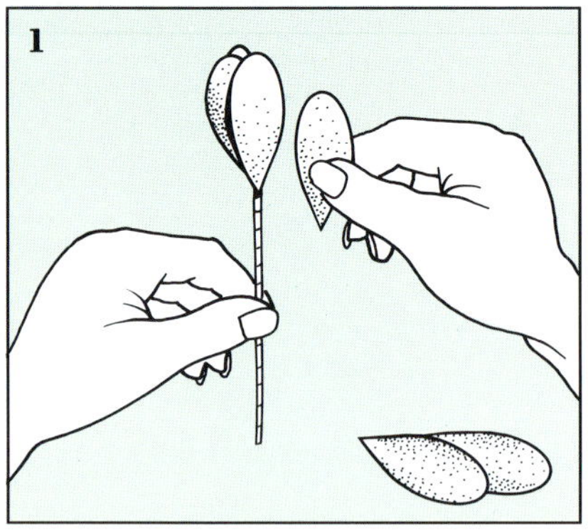

1 *Accolez deux épaisseurs de papier de soie rose avec de la colle en bombe, puis utilisez le gabarit de la page 104 pour découper des pétales de freesia. Pour chaque bouton ou chaque fleur, préparez ainsi 5 pétales. Coupez ensuite des longueurs de 18 cm de fil à bonsaï et recouvrez-les de ruban floral vert pâle. Collez les extrémités pointues des pétales au bout de chaque fil.*

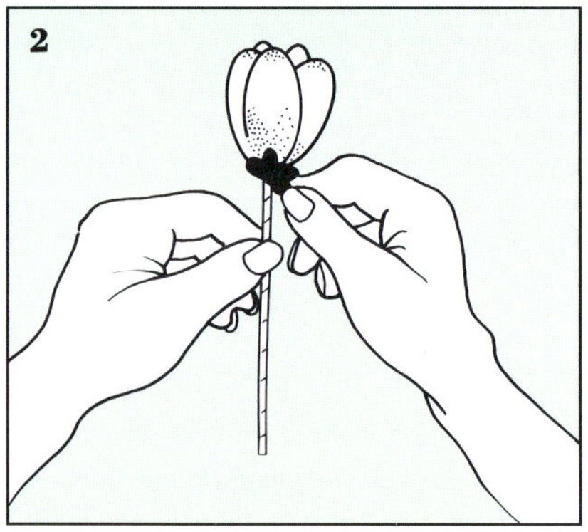

2 *D'après le gabarit de la page 95, découpez, dans du papier vert foncé, un jeu de sépales pour chaque fleur. Collez les sépales autour des fils à la base des fleurs, en veillant à dissimuler les pointes des pétales et en faisant se chevaucher les deux extrémités de la collerette de sépales à leur point de jonction. Après séchage, passez les pétales sur une lame de ciseaux juste au-dessus des sépales, afin de former une corolle évasée. Le temps du séchage, vous pouvez maintenir les pétales à l'aide de ruban masking, que vous ôterez au bout de quelques heures.*

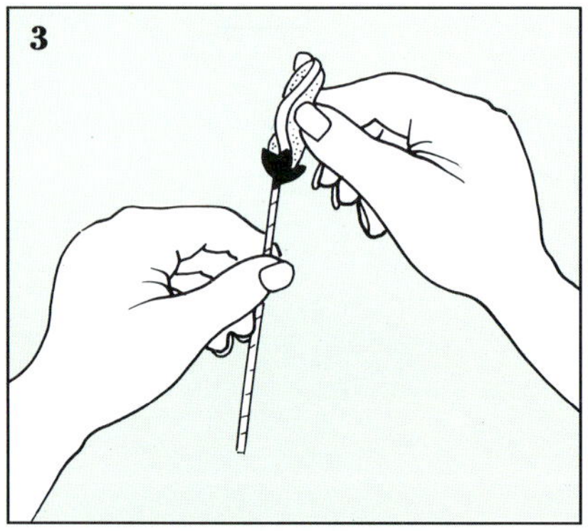

3 *Pour confectionner un bouton, disposez chaque pétale se sorte qu'il recouvre le précédent aux deux tiers. Une fois tous les pétales en place, enroulez-les en tube et collez-les ainsi ensemble. Pliez chaque tige pour faire retomber la fleur ou le bouton vers le bas.*

4 *Découpez des feuilles dans du papier vert foncé, en suivant les gabarits de la page 95. Reproduisez les nervures avec de la peinture de couleur verte. Pour peindre les détails, utilisez un mélange de vert et de peinture argentée. Laissez sécher, puis fixez sur un fil de fer recouvert de ruban floral vert pâle, suivant la méthode de montage décrite en page 14. Ne pliez pas le long des nervures.*

▶ *Voici des plantes en pots les plus faciles à entretenir qui se puissent trouver ! Des boîtes en fer colorées accueilleront avec bonheur ces cyclamens ou ces primevères.*

1 Utilisez le gabarit de la page 96 pour découper 24 pétales de primevères dans du papier crépon blanc, en orientant leur longueur dans le sens des fibres du papier. Étirez-les délicatement sur les bords supérieurs. Peignez leur queue en jaune et les pétales en mauve ou en rouge. Laissez sécher. Disposez-les par 6 comme l'indique le dessin, en faisant chevaucher chaque queue de 1 mm sur la précédente, et collez-les ainsi.

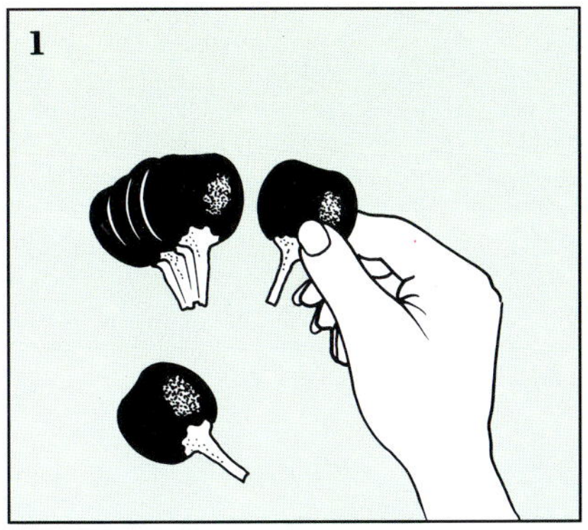

2 Peignez en jaune, sur 1 cm, l'extrémité de 4 fils de fer épais de 11 cm de long. Laissez sécher, puis collez les queues des pétales autour des extrémités colorées. Pliez les pétales vers l'extérieur. Unissez la base des fleurs et le fil de fer en les recouvrant de ruban floral.

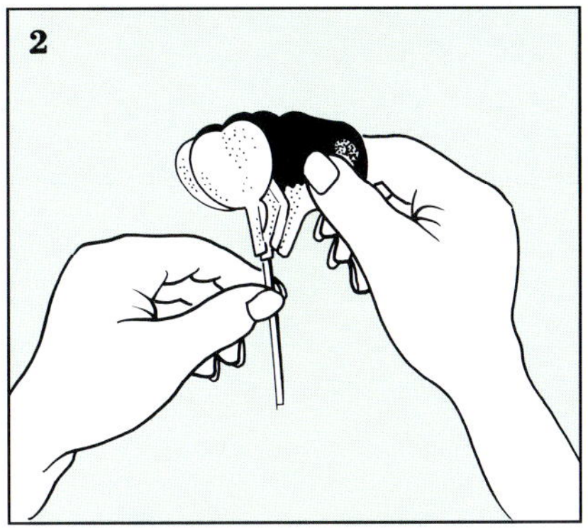

3 D'après le gabarit de la page 96, découpez 8 feuilles de primevère dans du papier texturé vert pâle. Peignez-les avec de la gouache vert vif, à l'exception d'une bande centrale s'effilant en pointe. Fixez à chaque feuille un fil gainé vert, selon la méthode de montage décrite en page 14.

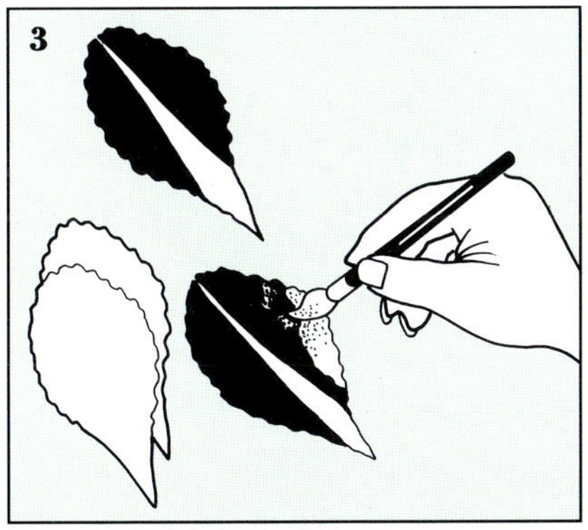

4 Emplissez les pots choisis de ciment à prise rapide, comme indiqué en page 15. Disposez au centre les fleurs et les boutons de cyclamen, puis les feuilles autour. Procédez de la même manière avec les primevères. Une fois qu'il est sec, peignez le ciment en marron. Étalez les feuilles vers l'extérieur et écartez un peu les tiges des fleurs en bouquet.

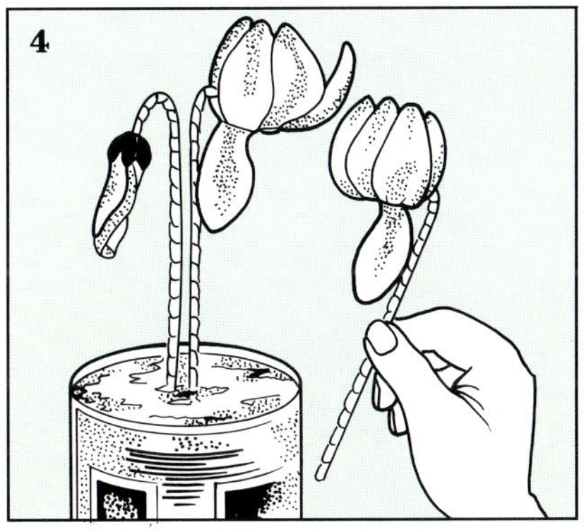

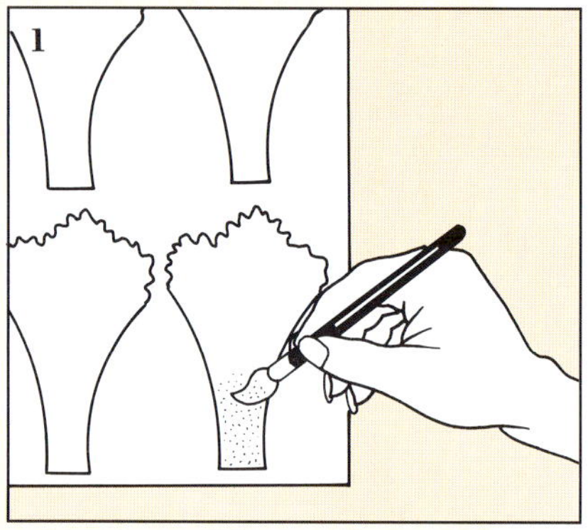

1 *A l'aide des gabarits des pages 96-97, tracez sur du papier recyclé de couleur crème 6 feuilles de chou ornemental de type A, 6 de type B et 6 de type C. Peignez-les avec de la peinture vinylique verte diluée dans de l'eau, en utilisant une nuance plus claire pour les feuilles C. Avant que la peinture sèche, déposez sur les extrémités un peu de couleur mauve, diluée elle aussi. Laissez sécher, puis peignez les nervures en mauve à l'aide d'un pinceau fin. Laissez sécher à nouveau. Découpez les feuilles A et peignez-en le dos en procédant de la même façon.*

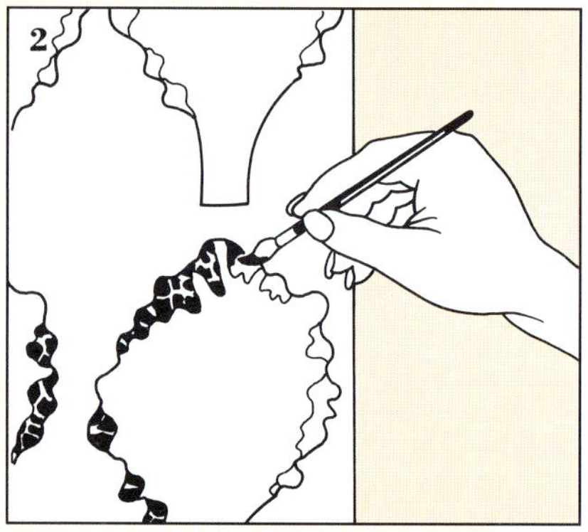

2 *Toujours avec les gabarits de la page 96, tracez 7 feuilles de type D et 8 feuilles de type E sur du papier recyclé. En suivant les modèles représentés sur les gabarits, peignez les parties vertes à la peinture vert clair diluée à l'eau. Laissez sécher, puis ajoutez des taches de vert plus foncé réparties de façon irrégulière, afin de créer un effet bigarré.*

3 *Peignez les parties restantes avec du mauve dilué. Toujours en vous inspirant des modèles des gabarits, reproduisez les nervures, en mauve plus foncé, à l'aide d'un pinceau fin. Laissez sécher puis, avec un pinceau plus large, peignez de chaque côté des nervures une bande de mauve dilué, d'une nuance intermédiaire entre le mauve du fond de feuille et celui des nervures. Laissez sécher, puis peignez le dos des feuilles B, C, D et E en vert.*

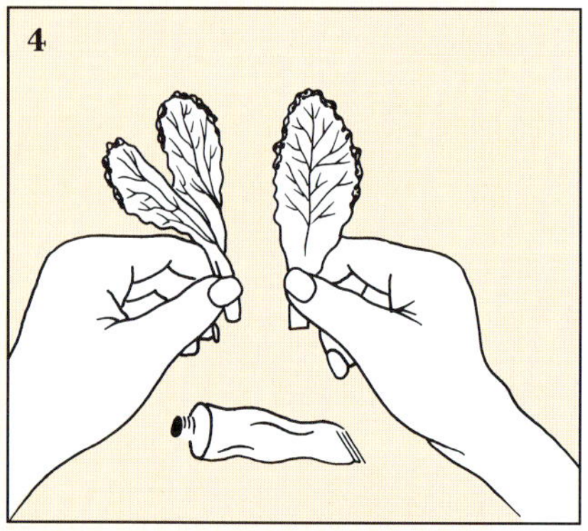

4 *Découpez les feuilles. Passez-les délicatement sur une lame de ciseaux pour les courber vers l'extérieur. Enroulez une feuille A autour d'un crayon, dans le sens de sa longueur. Otez le crayon et encollez la base de la feuille en la pressant pour lui imprimer sa forme. Collez les feuilles A restantes par la base, autour de la tige ainsi constituée. Ajoutez ensuite les feuilles B, C, D et E, en donnant forme à la plante. Plantez le chou dans son pot lesté de ciment, de la manière décrite en page 15.*

1 Faites un cerceau de fil de fer épais, en réunissant les extrémités pour former une tige que vous garnirez de masking. Emplissez un récipient de ciment à prise rapide et plantez-y la tige du cerceau, comme indiqué en page 15. Laissez durcir le ciment. Collez de la mousse à sa surface. D'après le gabarit de la page 97, découpez, dans du papier vert, 1 grande feuille de jasmin et 4 petites pour chaque rameau de feuillage.

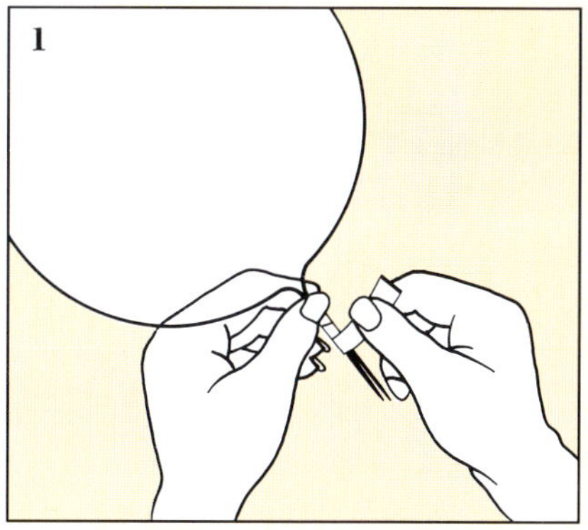

2 Fixez chaque grande feuille sur un fil gainé vert de 11 cm de long, et chaque petite feuille sur un fil gainé vert de 8 cm. Assemblez les rameaux en prenant pour axe les tiges des grandes feuilles : habillez-les de ruban floral et fixez les petites feuilles, deux par deux, en les espaçant de 1,2 cm. Recourbez les petites feuilles vers l'extérieur.

3 Pour les rameaux fleuris, découpez 5 fleurs dans du papier blanc souple, d'après de gabarit de la page 97, en séparant bien chaque pétale. Enroulez serré les bandes ainsi formées et collez-les par la base. Écartez les pétales et incurvez-les vers le bas en les passant sur une lame de ciseaux. Percez un trou dans la base des fleurs. Repliez en crochet l'extrémité de fils de fer fins de 8 cm et passez le crochet dans le trou des fleurs. Habillez la base des fleurs et le fil de ruban floral. Réunissez enfin les fleurs par leur tige avec du ruban floral.

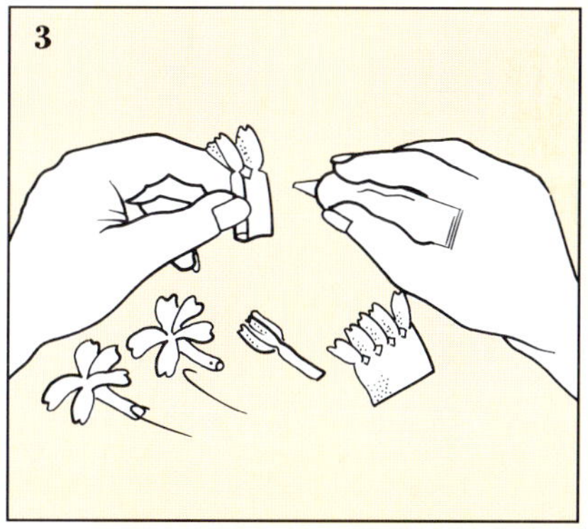

4 Pour réaliser un rameau de fleurs en boutons, fabriquez une fleur comme précédemment, mais sans replier ni incurver les pétales. Prenez ensuite 4 fils de fer fins de 8 cm de long, dont vous recouvrirez une extrémité sur 2,5 cm en enroulant d'étroites bandelettes de papier blanc, puis garnissez la longueur restante de ruban floral. Réunissez en rameau les tiges des boutons ainsi montés, avec du ruban floral. Fabriquez assez de feuilles, de fleurs et de boutons pour recouvrir la totalité du cerceau, et fixez-les sur ce dernier avec du ruban floral.

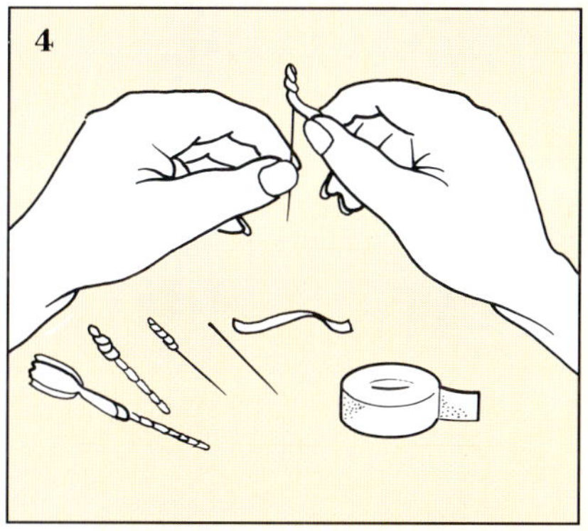

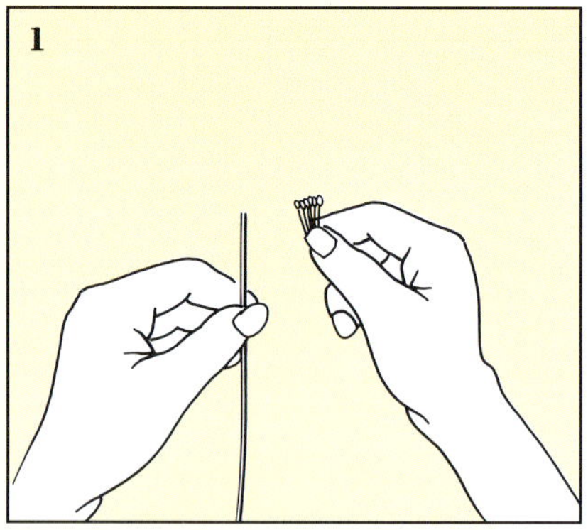

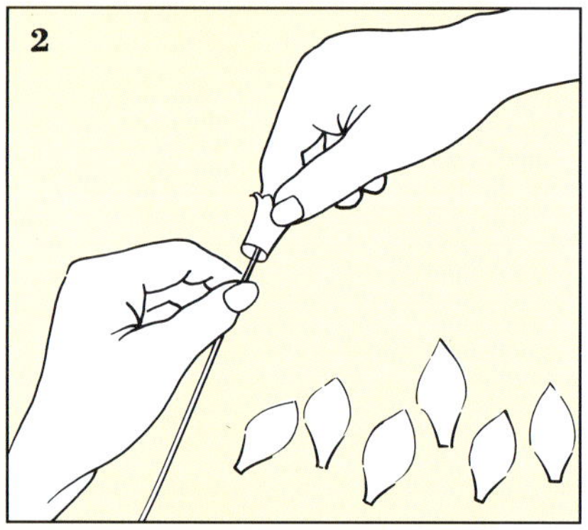

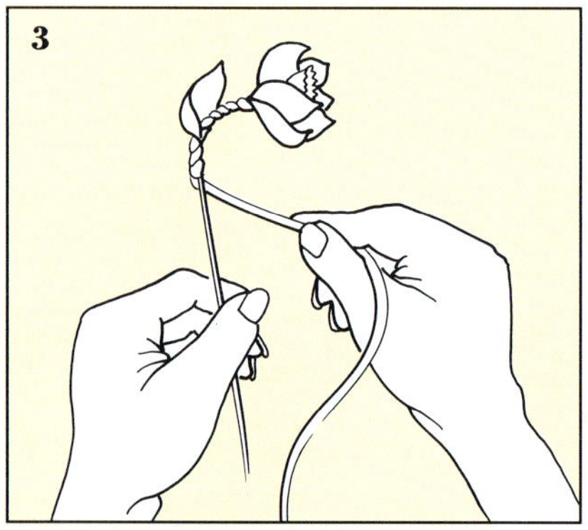

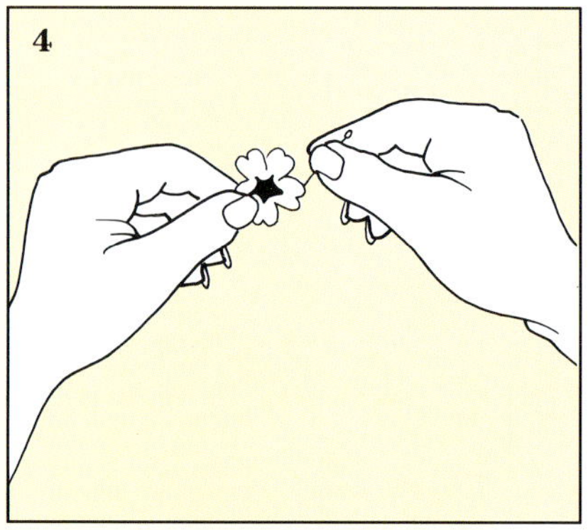

1 *Chaque jonquille est réalisée avec 6 pétales découpés, d'après les gabarits de la page 97, dans du papier souple jaune et 1 clochette découpée dans du papier crépon jaune. Pour la clochette, veillez à aligner les replis du papier crépon dans le sens de la flèche figurant sur le gabarit. Détendez délicatement le papier crépon le long du bord dentelé, formez un tube en superposant les bords aux deux extrémités et collez ainsi. Pliez en deux 3 fils à étamines jaunes pour obtenir six têtes et collez-les à l'extrémité d'un fil à bonsaï.*

2 *Étalez de la colle le long du bord inférieur de la clochette, sur la face interne et glissez la tige à travers. Disposez la clochette autour des étamines et serrez le bord encollé à leur base. Passez le bout des pétales sur une lame de ciseaux pour les incurver. Collez les pétales autour de la clochette. Inclinez en avant la tête florale. Enduisez du papier de soie blanc de peinture ocre. Laissez sécher, puis découpez-y 1 pétale.*

3 *Peignez du papier souple en vert vif. Après séchage, découpez dedans une bande large de 6 mm. Enroulez-la autour de la base de la jonquille et de la tige, en incorporant le pétale ocre à 2,5 cm en dessous de la fleur. Confectionnez ainsi 6 ou 7 jonquilles. Peignez en vert vif les deux faces d'une feuille de papier rigide ; découpez-y les feuilles de jonquille à l'aide du gabarit de la page 97. Montez les feuilles sur tige selon la méthode décrite en page 14.*

4 *D'après le gabarit de la page 96, découpez des primevères dans du papier jaune. Peignez-en le cœur à la peinture ocre. Passez les pétales sur une lame de ciseaux pour les incurver vers l'extérieur. Percez un trou au centre et passez-y un fil à étamine jaune. Déposez un point de colle à la base, au dos de la fleur, pour fixer l'ensemble. Au centre d'une couronne d'osier, introduisez un bloc de mousse de fleuriste dimensionné pour entrer en force. Collez de la mousse par-dessus et piquez les jonquilles et les feuilles. Collez les primevères sur la mousse pour achever la décoration.*

◀ *Pour le plaisir des tout-petits, garnissez d'œufs en sucre la couronne de Pâques plantée de jonquilles et de primevères. Ou bien fêtez tout simplement le printemps revenu avec une jolie composition de jacinthes et de crocus visitée par les papillons.*

1 *Peignez du papier de soie blanc avec un mélange d'encre de Chine (outremer, violet et un peu de blanc) et laissez sécher. D'après le gabarit de la page 97, découpez 4 jacinthes. Passez les pointes sur une lame de ciseaux pour les incurver vers l'extérieur. Enroulez chaque jacinthe autour d'un crayon, superposez les bords sur 2 mm et collez-les ainsi.*

2 *Réunissez 6 têtes de fils à étamines bleus pour chaque jacinthe. Encollez l'intérieur des corolles à la base et glissez-y les étamines de sorte que les têtes se situent juste sous le rebord courbé de la fleur. Serrez la base des jacinthes autour des fils pour la coller. Coupez 17 cm de fil à bonsaï et courbez-le. En son sommet, collez l'une des jacinthes par les fils à étamines dépassant de la base.*

3 *Dans le papier ayant servi pour les corolles, découpez 4 lancettes de 2,5 cm de long. Habillez la base de la jacinthe montée et sa tige de ruban floral, en incorporant 1 lancette à 6 mm sous la fleur. Continuez à couvrir la tige en fixant les jacinthes restantes à 1,5 cm d'intervalle, les fleurs sous la courbe concave, les lancettes au-dessus. Évasez les corolles en y introduisant la pointe d'un crayon. D'après le gabarit de la page 97, découpez 5 feuilles de jacinthe dans du papier vert. Passez les extrémités sur une lame de ciseaux pour les enrouler. Montez les feuilles sur tige selon la méthode décrite en page 14.*

4 *Pour les crocus, suivez l'étape 3 de fabrication des freesias décrite en page 20, en incurvant les pétales vers l'intérieur. Collez les pétales autour des étamines. Habillez les bases des fleurs et les tiges de ruban floral. Avec le gabarit de la page 97, découpez 2 papillons dans du papier écru. Peignez-les à l'encre de Chine, en vous inspirant de la photographie ci-dessus. Pour figurer les antennes, pliez en deux un fil à étamine noir et collez-le sous la tête. Relevez un peu les ailes. Collez un fil de fer sous le corps. Dans une couronne préparée comme précédemment pour les jonquilles, incorporez les différents éléments.*

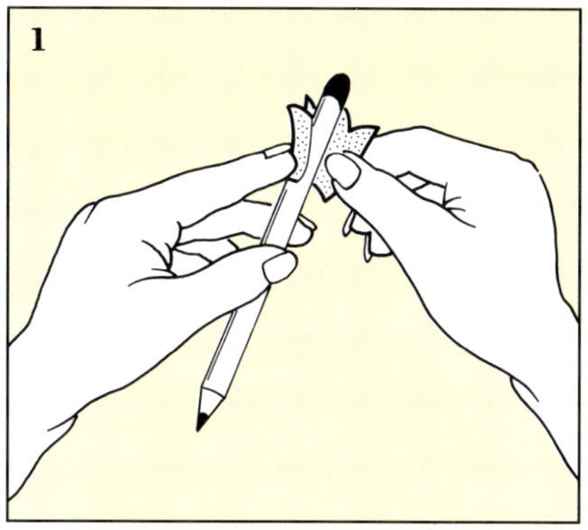
1

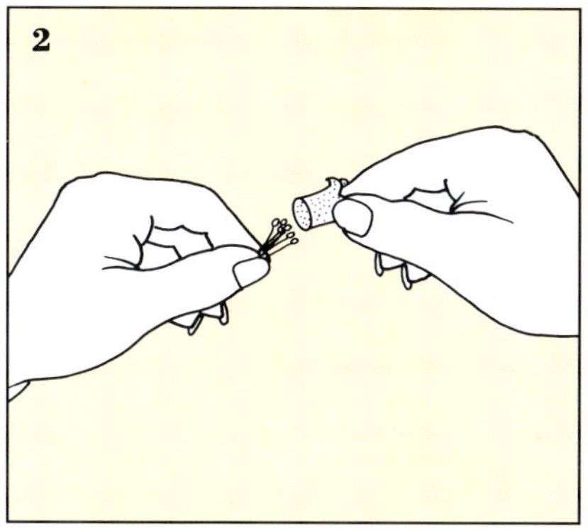
2

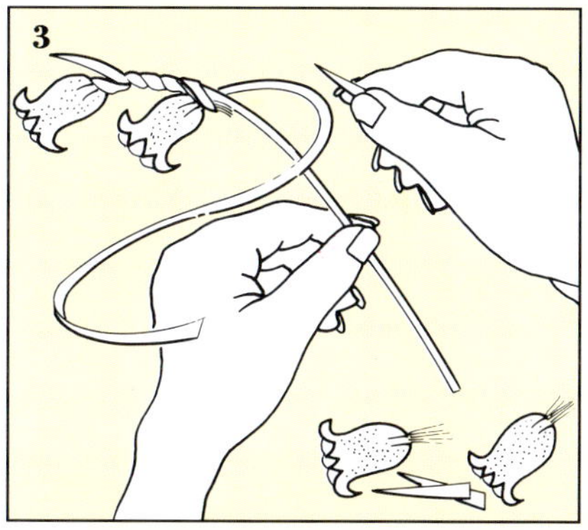
3

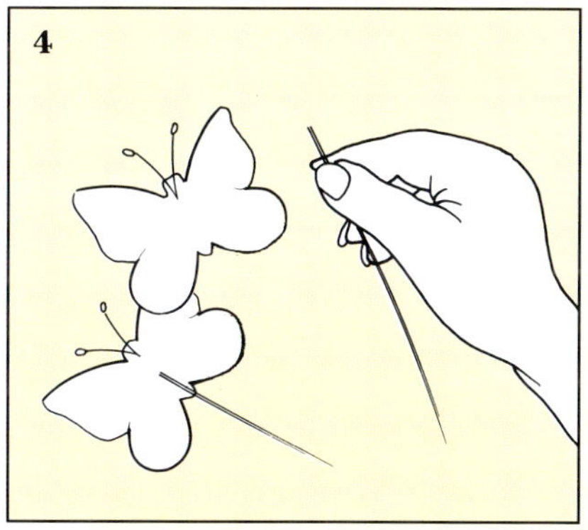
4

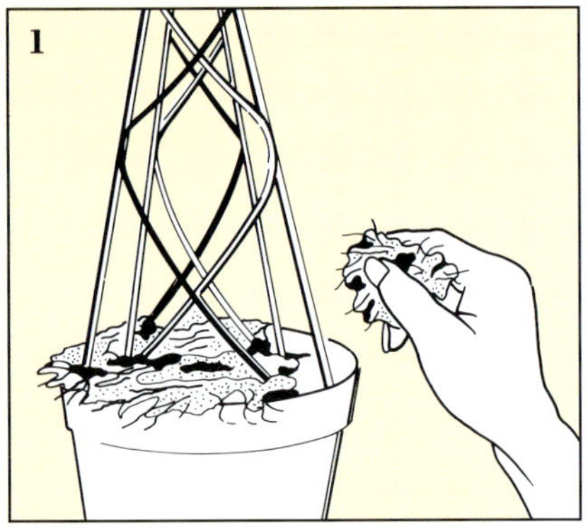

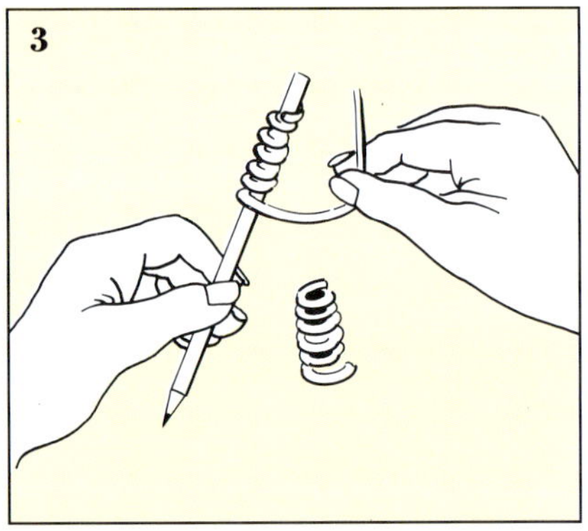

▶ *Marquez la saison des fêtes avec ce superbe arbre de Noël, dont les baies peuvent être remplacées par des boules scintillantes, et offrez en cadeau cette spirale de lierre panaché.*

1 *Remplissez un pot de fleurs en terre de ciment à prise rapide, en suivant la méthode décrite en page 15 et insérez une armature en métal avant sa prise. Collez de la mousse à la surface du ciment.*

2 *D'après les gabarits de la page 97, découpez des feuilles de lierre dans du papier aquarelle. En vous référant à la photographie ci-contre, peignez à l'aquarelle les motifs vert pâle puis, en superposition, les motifs vert foncé. Enduisez les feuilles d'un vernis polyuréthane satiné qui leur donnera un reflet jaune. Laissez sécher. Montez chaque feuille sur une tige de fil gainé vert, en suivant la méthode de montage décrite en page 14.*

3 *Pour confectionner des vrilles, enroulez un fil gainé vert autour d'un crayon. Otez le fil du crayon et étirez un peu les spirales obtenues. Enroulez sans serrer du fil de fer épais autour de l'armature fichée dans le pot ; il constituera la tige du lierre. Supprimez la longueur en excès au sommet, puis dégagez-le de son support.*

4 *Commencez à habiller la tige de ruban floral par le bas. Incorporez progressivement les feuilles et les vrilles par ordre de taille décroissant, les plus petites devant se situer au sommet. Terminez avec une vrille à l'extrémité de la tige. Encollez la base et piquez-la dans la mousse. Enroulez la branche de lierre achevée autour de l'armature. Disposez les feuilles de sorte que, une fois la réalisation à la place qui lui est réservée, on ne puisse voir que leur face supérieure.*

1 *Remplissez de ciment un pot en terre, suivant la méthode décrite en page 15, et plantez-y verticalement 3 branchettes sarmenteuses. Après la prise, garnissez de mousse la surface du ciment. Fichez une boule de mousse de fleuriste au sommet des branchettes. Montez de petits cônes de pin sur du fil de fer fin, en enroulant celui-ci à leur base, et plantez-les dans la boule en les répartissant.*

1

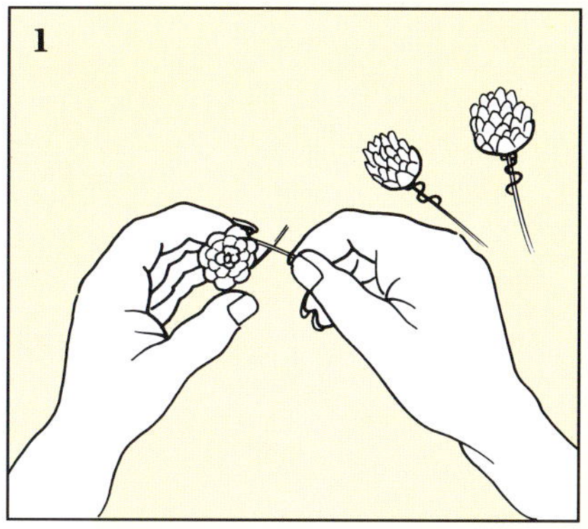

2 *Découpez des feuilles de lierre dans du papier aquarelle en utilisant les deux plus petits gabarits de la page 97, et des feuilles de houx dans du papier vert foncé suivant le gabarit de la page 98. Peignez les feuilles de lierre à l'aquarelle verte. Laissez sécher. Montez les feuilles sur tige d'après la méthode décrite en page 14. Appliquez un vernis brillant. Insérez les feuilles dans la boule, en en laissant pendre quelques-unes, montées sur des tiges plus longues, devant le « tronc ».*

2

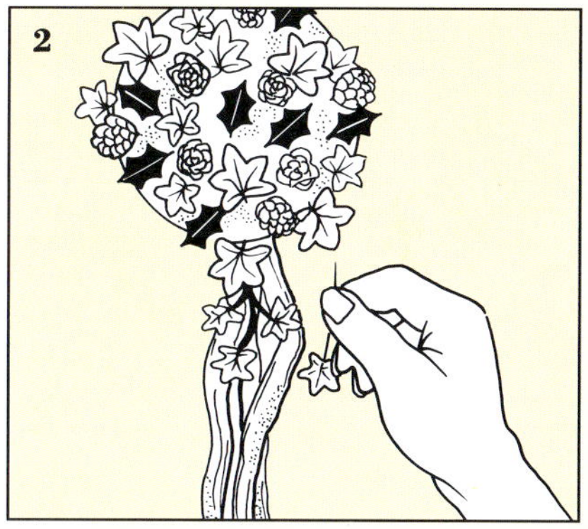

3 *Pour réaliser le feuillage de garniture, vaporisez du papier vert d'une légère couche de peinture dorée. Découpez dedans des bandes de 15 x 3,5 cm et frangez-les d'un côté sur toute leur longueur. Taillez en biseau le bout des franges. Courbez en crochet l'extrémité de fines tiges de fer et glissez-les entre les franges, à une extrémité des bandes. Déposez de la colle sur la partie inférieure non frangée et enroulez les bandes autour des crochets. Passez les franges sur une lame de ciseaux pour les courber en arrière. Insérez les feuillages ainsi montés dans la boule.*

3

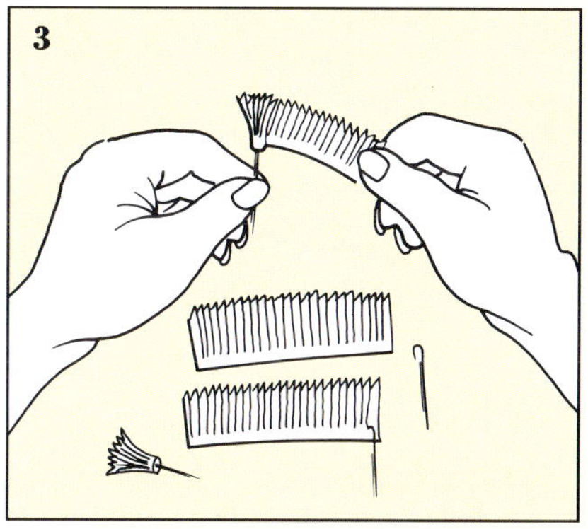

4 *Réalisez les baies à l'aide de boules de coton fichées sur des fils de fer fins enduits de colle à l'extrémité. Peignez les boules avec de la peinture rose nacrée et laissez-les sécher en piquant momentanément leurs tiges dans de la pâte à modeler. Après séchage, ajoutez des touches de peinture dorée et insérez les baies parmi le feuillage. Les feuilles et les cônes restants peuvent être collés dans la mousse.*

4

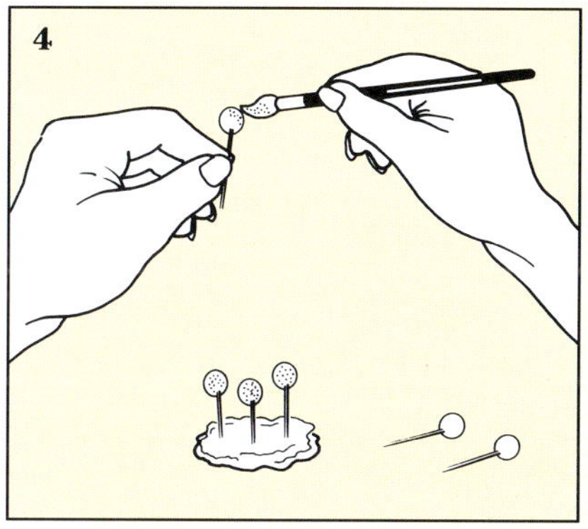

A l'étal du marché

Vous allez maintenant découvrir de petits modèles de fruits et légumes étonnamment simples à réaliser et pourtant très réalistes. Ils amuseront les enfants – qui adorent les miniatures – et surprendront vos invités lorsque vous les disposerez en décors de table originaux et multicolores. Vous pourrez même les encadrer pour en faire des tableaux en relief, qui ne manqueront pas d'attirer l'attention sur les murs de votre cuisine de campagne.

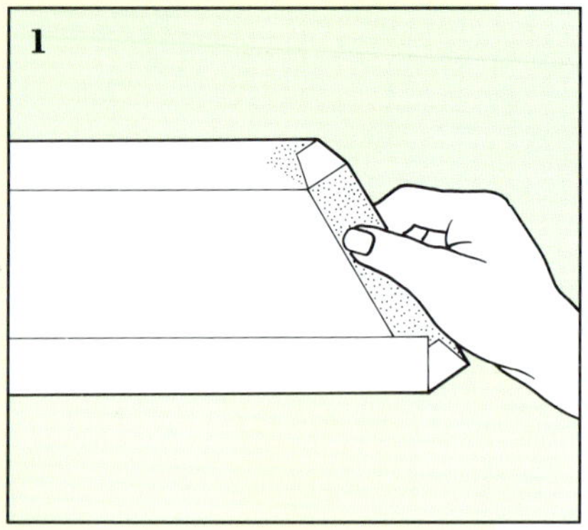

1 D'après les gabarits des pages 98-99, découpez le plateau de la charrette à bras dans du carton épais, ainsi que ses 2 montants latéraux et ses 2 roues dans du carton de montage. Tracez, sur la face inférieure du plateau, les lignes de fixation des montants latéraux. Rainez, sur la face inférieure, les lignes de pliage inscrites en bleu sur le gabarit, puis repliez les rebords vers la face supérieure. Constituez ainsi les ridelles en les collant par leurs pattes de fixation.

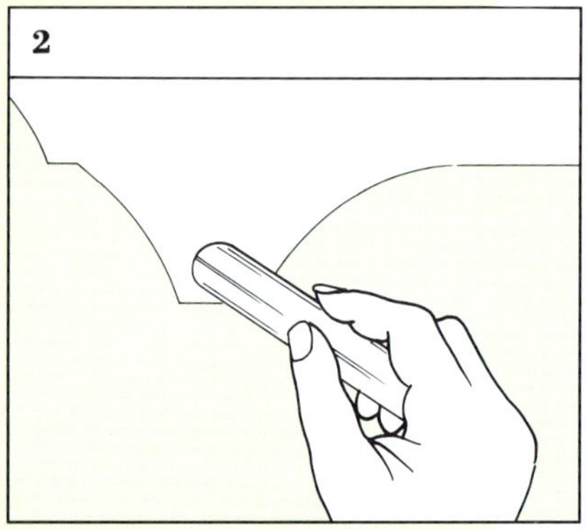

2 Coupez un axe rond de balsa de 8 cm de longueur et de 1 cm de diamètre pour faire l'essieu. Collez-le par chaque extrémité entre les jambes d'essieu des 2 montants latéraux. Collez ensuite l'ensemble sous le plateau, en faisant correspondre les montants latéraux avec les lignes précédemment marquées. Laissez sécher. Peignez la charrette en vert foncé, les roues en rouge et le tour des roues en noir. Laissez sécher.

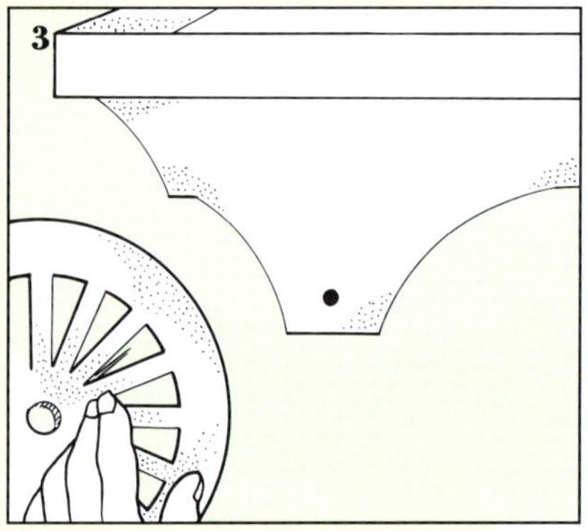

3 Enfoncez une aiguille à tête de laiton (disponible en papeterie ou en magasin d'arts graphiques) dans le trou des jambes d'essieu des montants latéraux et à travers l'axe de balsa. Ressortez l'aiguille. Percez ensuite de la même manière le trou central des roues, en l'élargissant assez pour que celles-ci tournent librement autour de l'aiguille. Fixez enfin les roues ainsi montées en piquant à nouveau les aiguilles dans les trous de l'essieu, achevant ainsi la charrette à bras.

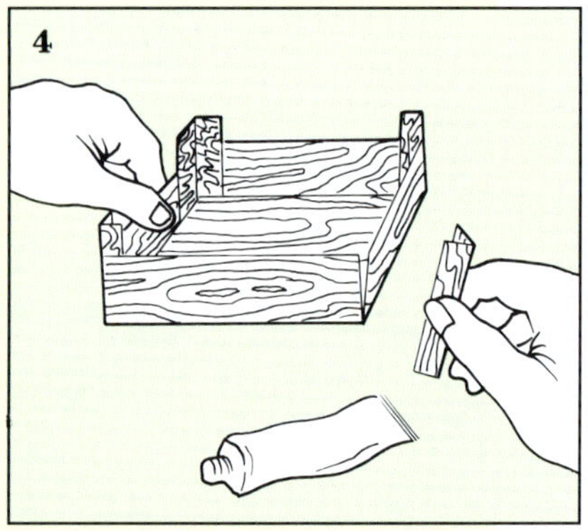

4 Appliquez du papier bois pin sur les deux faces d'un carton léger à l'aide de colle en bombe. Découpez 7 cagettes et 28 contreforts de cagette d'après les gabarits de la page 98. Rainez et pliez cagettes et contreforts le long des lignes bleues, puis collez les contreforts verticalement dans chaque angle. Pour fabriquer les oranges, peignez 22 perles de 1 cm de diamètre avec de la peinture orange brillante appliquée en couche épaisse et irrégulière. Vous pouvez les piquer sur des cure-dents pour faciliter l'opération.

5 Les pamplemousses sont réalisés comme les oranges, avec des perles de 1,5 cm de diamètre et de la peinture jaune puis orange pâle, appliquée en partant du trou. Pour la courge, enroulez une petite bande de papier et collez-la ainsi dans le trou d'une perle oblongue pour figurer la queue. Peignez la courgette de couleur crème, puis répartissez grossièrement de la peinture vert clair en larges rayures longitudinales. Avec une bandelette d'éponge de 6 mm de large, superposez de la peinture vert foncé sur les rayures déjà formées.

6 Pour confectionner une grappe de raisins, froissez du film alimentaire en une petite masse à peu près ovale de 2 cm de long. Percez un trou à l'une des extrémités et collez-y une brindille. Enduisez de colle la masse ovale et déposez en surface de petites billes de polystyrène (disponibles en mercerie, pour le rembourrage). Peignez les raisins en vert pâle. Fabriquez ainsi 4 grappes.

7 Pour les tomates, encollez le bout d'un fil gainé vert. Passez-le dans le trou d'une perle rouge de 8 mm de diamètre et coupez-le à 4 mm de longueur pour figurer la tige. Avec de la peinture verte et un pinceau fin, tracez 5 lignes rayonnant à partir de la tige. Fabriquez de cette façon environ 35 tomates.

8 Dans du carton fin vert, découpez en quantité des gousses de petits pois de 1 cm de long. Suivant les étapes 2 à 6 des pages 64 et 65, fabriquez 14 oignons, 6 poireaux et 1 chou-fleur. Garnissez les cagettes de papier ou de paille. Enveloppez les oranges dans du papier de soie bleu, la courge dans du papier blanc. Disposez courge, chou-fleur et cagettes sur le plateau de la charrette. Emplissez les cagettes avec le reste des fruits et légumes. Pour les sacs, découpez 5 rectangles de 5 x 3 cm de papier craft. Pliez-les en deux sur la largeur et collez-les ainsi sur deux côtés. Percez un trou dans un coin supérieur, enfilez les sacs sur un fil de coton et attachez-les à un bras de la charrette.

5

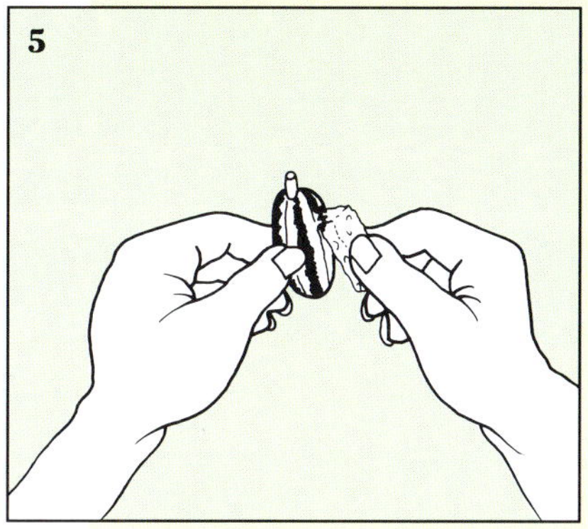

6

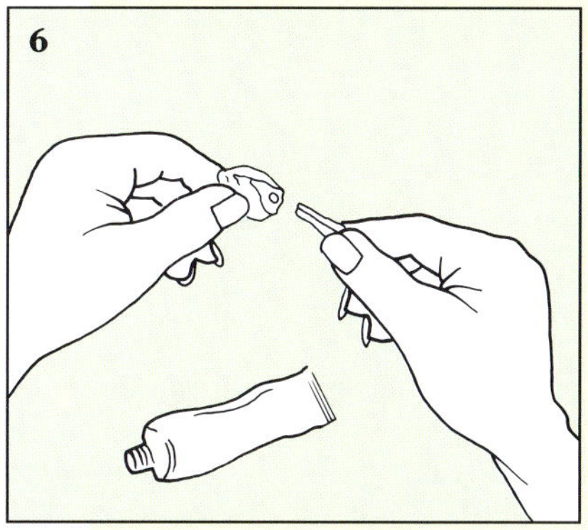

7

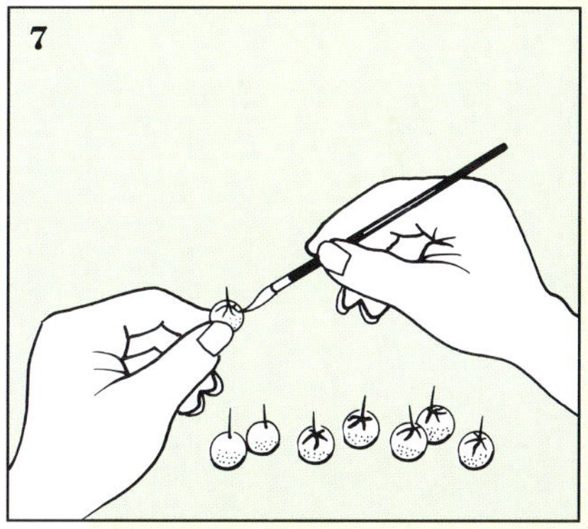

8

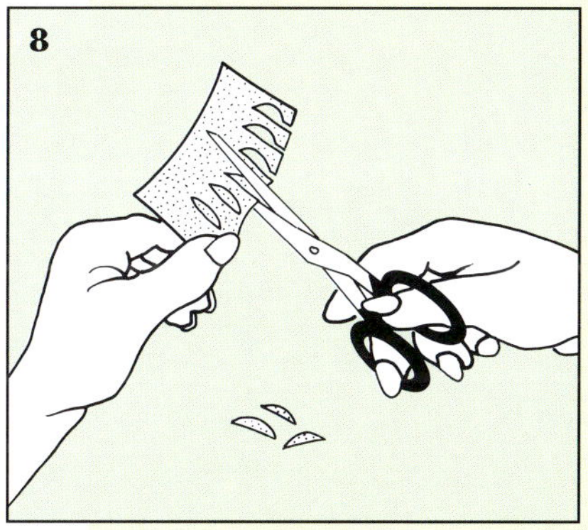

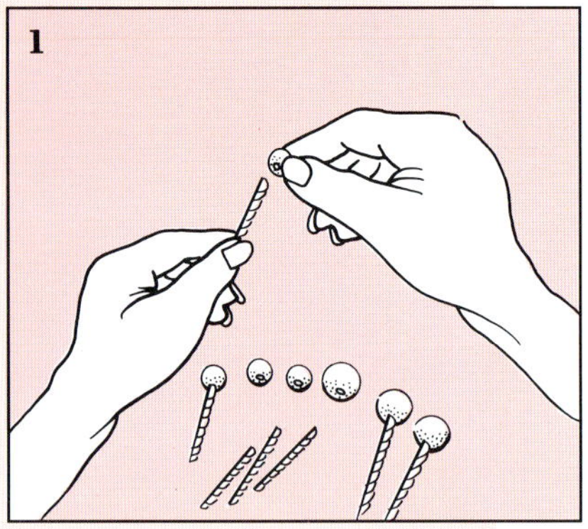

1 Habillez un fil de fer fin de ruban floral de 6 mm de large. Coupez-le en plusieurs tiges de 8 cm chacune, encollez les extrémités et glissez-en quelques-unes dans des perles de 6 mm de diamètre, les autres dans des perles de 8 mm de diamètre. Voilà qui va figurer les baies du cassis. Mélangez de la peinture noire avec une touche de rouge et peignez la plupart des grosses perles. Piquez les tiges dans de la pâte à modeler, le temps que la peinture sèche.

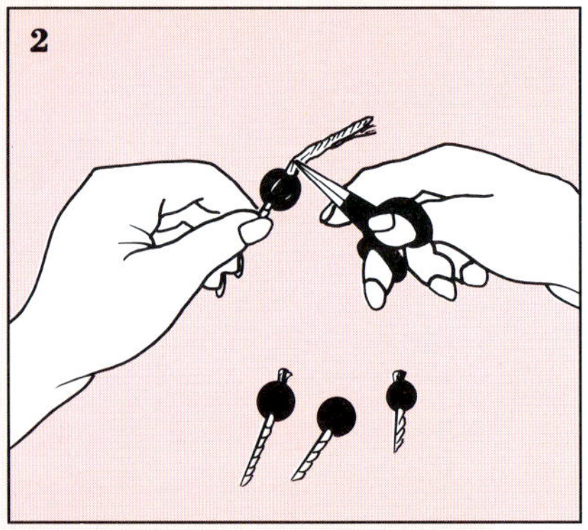

2 Peignez les grosses perles restantes et quelques petites perles avec un mélange de peinture noire et rouge à parts égales (noir vineux). Peignez les dernières petites perles en vert olive et, sur la peinture encore fraîche, déposez des touches du mélange noir vineux. Encollez l'extrémité d'un bout de cordelette et, dans une perle, engagez-la dans le trou restant à l'opposé de la tige. Effilochez la cordelette et coupez-la à 3 mm au-dessus de la perle. Procédez ainsi pour chaque perle.

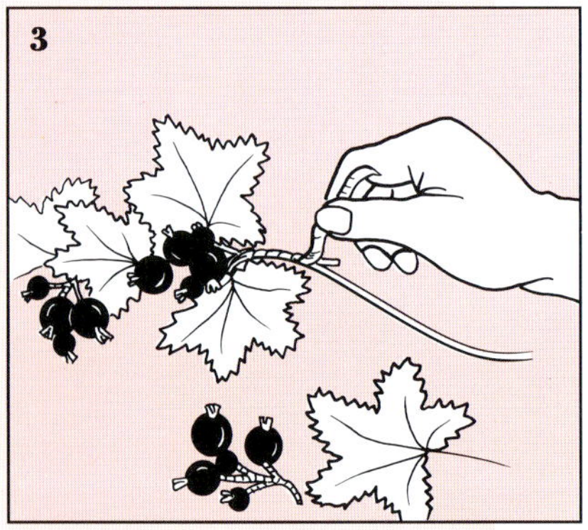

3 D'après le gabarit de la page 99, découpez des feuilles de cassis de grande et petite taille. Montez-les sur fil de fer selon la méthode décrite en page 14. Coupez une section de gros fil de fer, assez longue pour faire le tour de la corbeille. Regroupez les baies par grappes de 4 à 7 et fixez-les en les répartissant, ainsi que les feuilles, sur le gros fil de fer à l'aide de ruban floral brun. Enroulez le rameau obtenu autour de la corbeille à pain, joignez les extrémités et liez-les. Fixez le tout au rebord de la corbeille en quelques points de la circonférence, à l'aide de ruban floral passé dans les mailles.

4 Pour les fraises, préparez de la pulpe de papier mâché (disponible dans les magasins d'arts graphiques) en suivant le mode d'emploi. Modelez-la en forme de fraises et pratiquez un trou au sommet de chacune avec une pointe de ciseaux. Laissez durcir les formes puis enduisez-les de peinture rouge vif.

◀ *Pour un goûter campagnard, quoi de plus évocateur que la corbeille à pain garnie de cassis ? Mûres, fraises et framboises parachèveront le décor.*

5 *A l'aide des gabarits de la page 99, découpez dans du papier vert un jeu de sépales pour chaque fraise. Passez les pointes sur une lame de ciseaux pour les incurver vers le haut. Percez un trou au centre et collez sur les fraises en faisant correspondre les trous.*

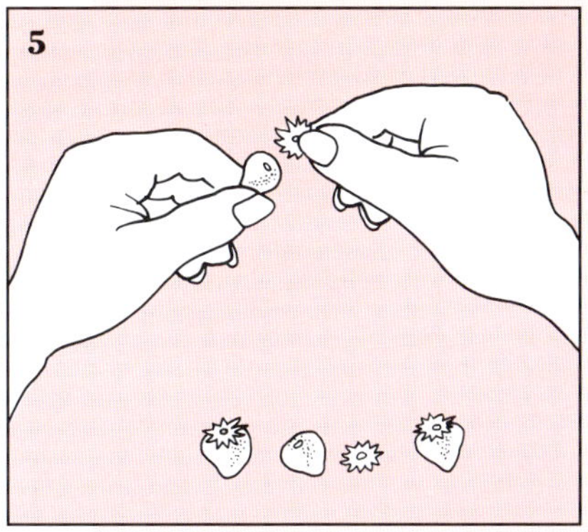

6 *Vaporisez de la colle en bombe sur une bande de papier vert de 3 cm de large et enroulez-la bien serré pour constituer une tige. Coupez la bande chaque fois que vous aurez atteint l'épaisseur de tige voulue ; fabriquez ainsi une tige pour chaque fraise. Encollez l'une des extrémités de chaque tige et glissez-la dans le trou des fraises.*

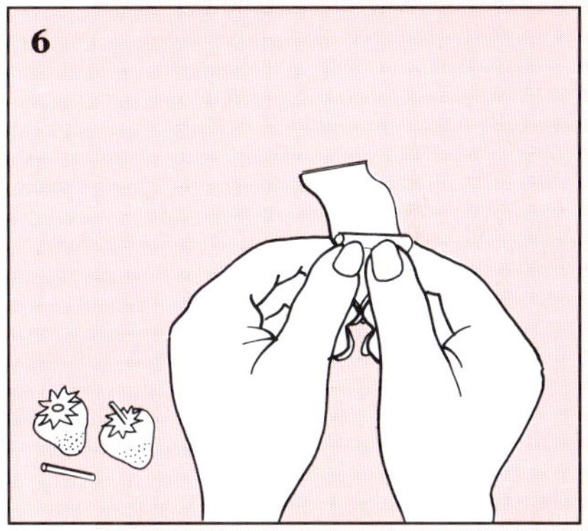

7 *Pour fabriquer une branche de mûres, froissez des morceaux de film alimentaire en masses ovales de 8 mm à 1,5 cm de long. Encollez leur surface et garnissez-les de petites billes de polystyrène (voir page 57). Disposez-les bien serrées. Après séchage, piquez-les sur des cure-dents et peignez-les en noir brillant. Vous pouvez aussi en colorer certaines de vert et rouge vif pour représenter les fruits non mûrs. Confectionnez des framboises de la même façon, en ménageant au sommet un espace assez large libre de billes de polystyrène.*

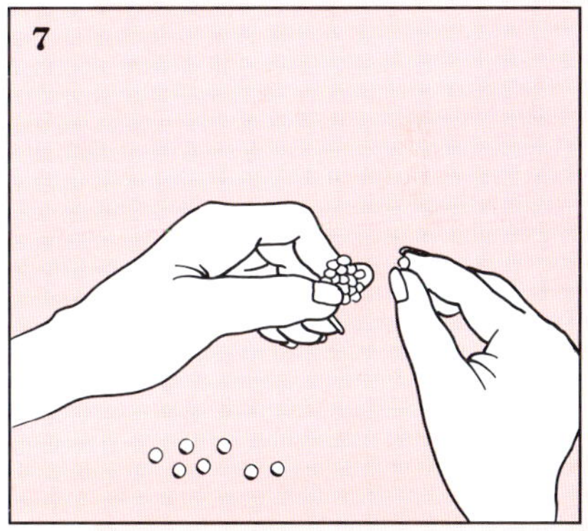

8 *D'après le gabarit de la page 99, découpez un jeu de sépales pour chaque mûre, ainsi que 2 feuilles dans du papier vert. Percez un trou au centre des sépales. Retirez les cure-dents ayant servi pour peindre les mûres. Collez les sépales en les ajustant sur le trou. Encollez l'extrémité de morceaux de fil gainé vert et introduisez-les dans les trous. Montez les feuilles sur tige selon la méthode décrite en page 14. Disposez les mûres et les feuilles en rameau sur un gros fil de fer, à l'aide de ruban floral.*

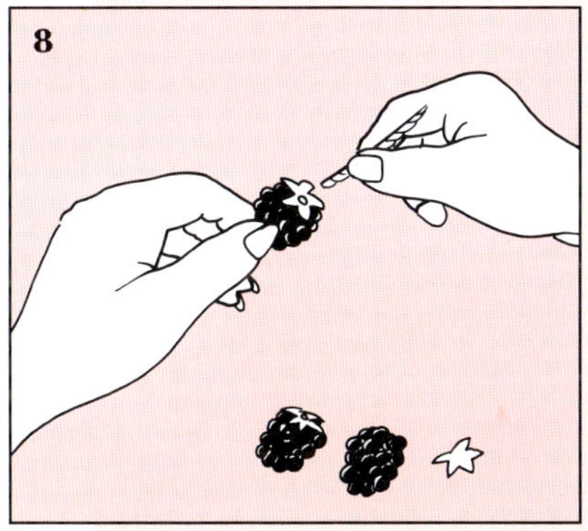

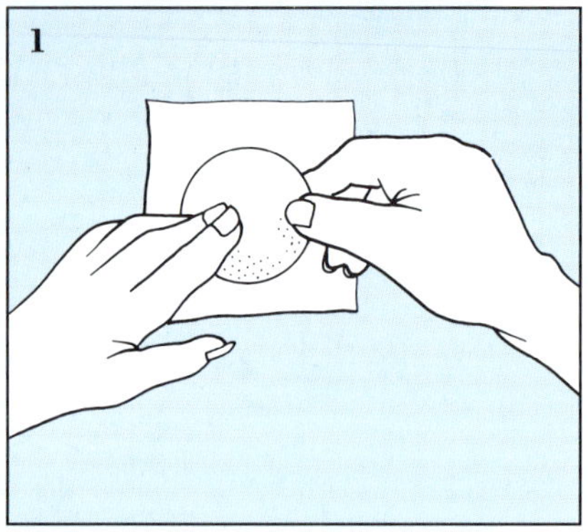

1 *Pour fabriquer le gabarit de la pastèque, pliez en deux du papier rigide et dessinez un demi-ovale le long de la pliure. Découpez-le. Ouvrez-le à plat et reportez-le sur du papier rose pour y découper un ovale. Pour les quartiers d'orange et de citron, découpez un cercle de 9 cm dans du papier jaune citron, puis dans du papier orange pâle. Collez l'ovale rose sur du carton vert avec de la colle en bombe, le cercle citron sur du carton jaune et le cercle orange pâle sur du carton orange.*

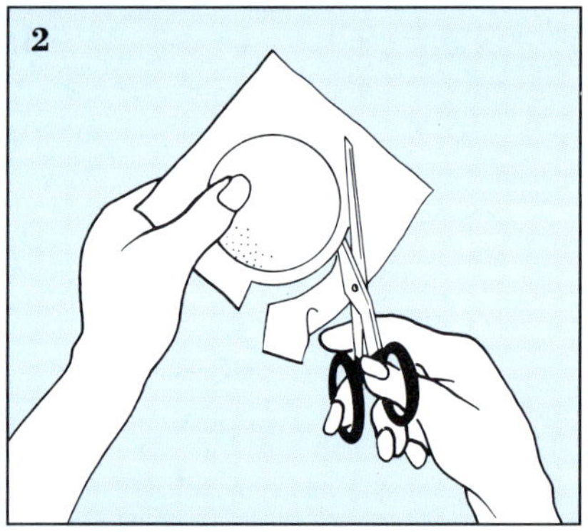

2 *Découpez le carton autour de l'ovale et des cercles en laissant une marge de 5 mm. Rainez la ligne centrale puis pliez en deux le long de celle-ci. Avec un crayon noir, dessinez des graines sur la pastèque. Découpez des formes d'alvéoles d'agrumes dans du carton orange et jaune, et collez-les, comme le montre l'illustration ci-contre, sur leurs supports respectifs.*

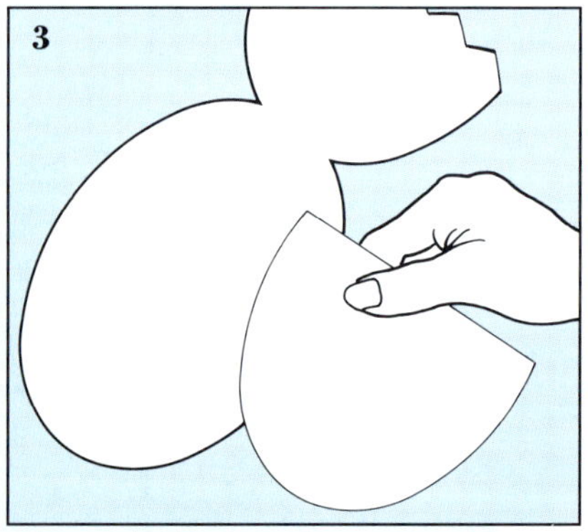

3 *Selon les gabarits de la page 100, découpez l'ananas et sa poche dans du carton orange, les feuilles dans du carton vert. Collez la poche sur l'ananas en suivant le pourtour et en veillant à ne pas encoller au-delà de 5 mm du bord. Rainez la ligne figurant en bleu sur le gabarit et pliez le rabat sur la poche.*

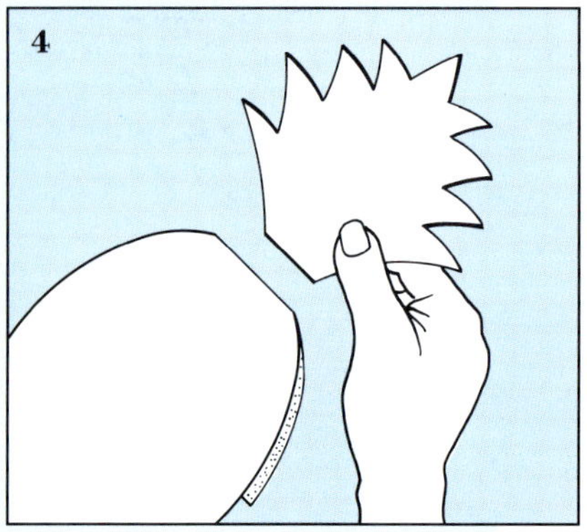

4 *Collez les feuilles par leur base au dos de l'ananas, de sorte qu'elles dépassent au-dessus de la pliure. A l'aide du gabarit de la page 99, découpez la danseuse dans du carton de couleur chair. Découpez la robe dans du papier mauve et collez-la sur la danseuse. Dessinez les traits du visage et les fruits à l'aide de stylos feutres et de peinture. Laissez sécher. Découpez un cercle de 12,5 cm de diamètre dans du carton vert ; collez la danseuse bien en son centre, en veillant à ajuster les bords inférieurs.*

5 *Rainez la patte de fixation de la danseuse le long de la ligne rouge figurant sur le gabarit, puis repliez-la en dessous. Ouvrez l'ananas, glissez la danseuse dans la poche et collez la patte de fixation à l'emplacement prévu à l'intérieur du rabat (voir gabarit). Chaque fois que l'on ouvrira l'ananas, la danseuse des îles jaillira du fruit.*

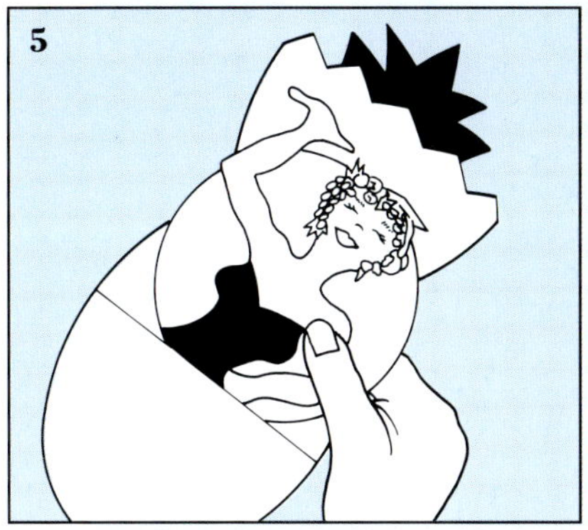

6 *Découpez 4 formes de banane dans du carton jaune. Coloriez-en les extrémités en brun ou noir avec un stylo feutre, et reliez-les au moyen d'une attache parisienne en laiton.*

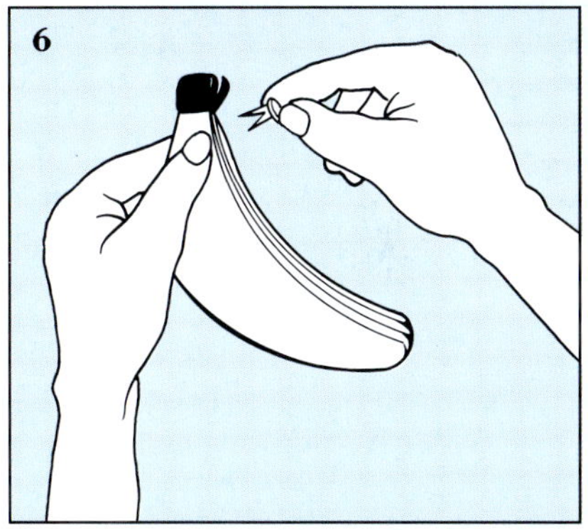

7 *Pour confectionner la grappe de raisins, encollez à une extrémité des tiges de 15 cm de fil gainé vert et piquez-les dans des boules de coton de 2 cm de diamètre. Préparez un mélange à parts égales de peinture bleue et mauve, et peignez les boules. Piquez-les dans de la pâte à modeler puis, avant que la peinture sèche totalement, saupoudrez-les légèrement de talc pour donner aux raisins un aspect pruineux.*

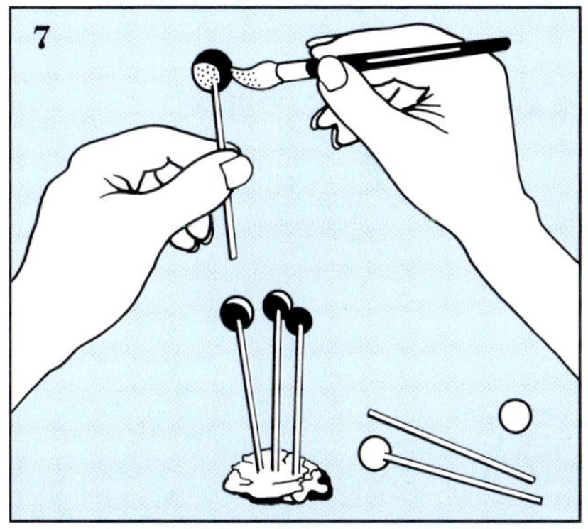

8 *D'après le gabarit de la page 99, découpez 2 feuilles de vigne dans du papier vert. Montez-les sur tige suivant la méthode décrite page 14. Disposez les raisins en grappe, réunissez leurs tiges et vrillez-les toutes ensemble pour figurer la tige de la grappe. Incorporez les feuilles au-dessus et habillez la tige de ruban floral brun.*

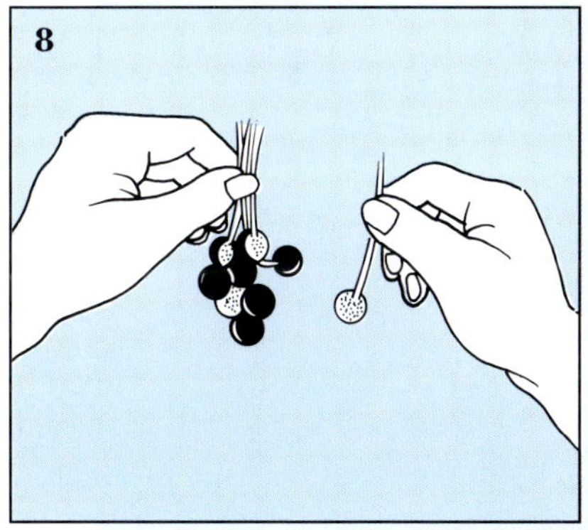

◀ *Voici d'originales cartes de vœux et étiquettes-cadeau aux couleurs acidulées. Ouvrez l'ananas ; une danseuse des mers du Sud apparaît. Quant à la grappe de raisins, elle ornera vos présents.*

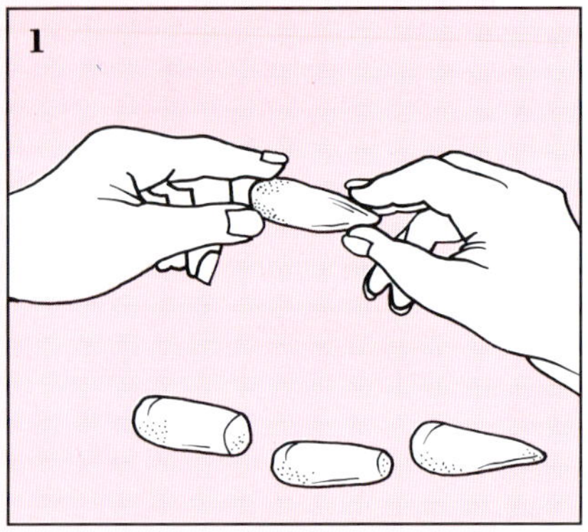

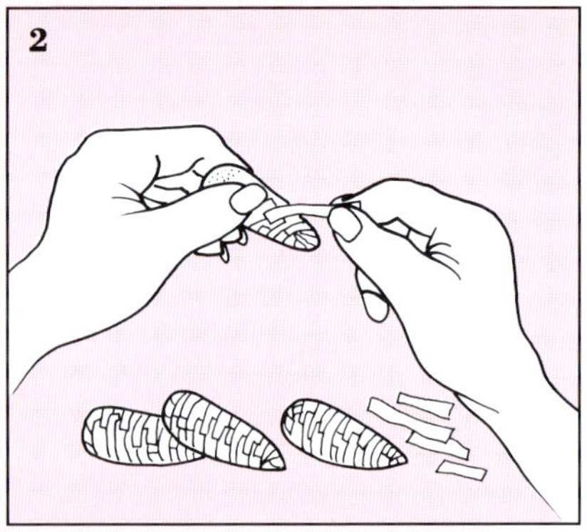

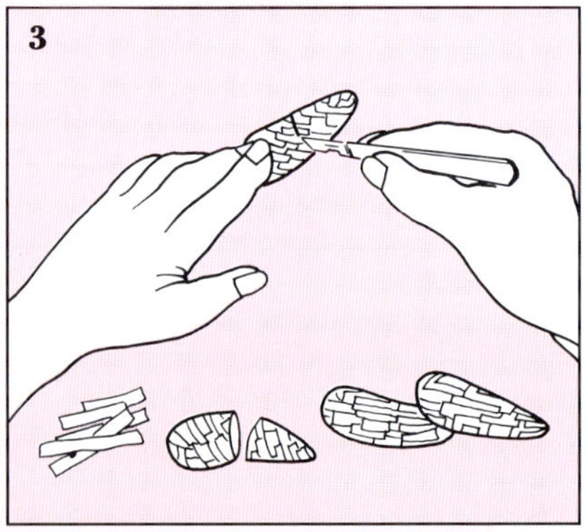

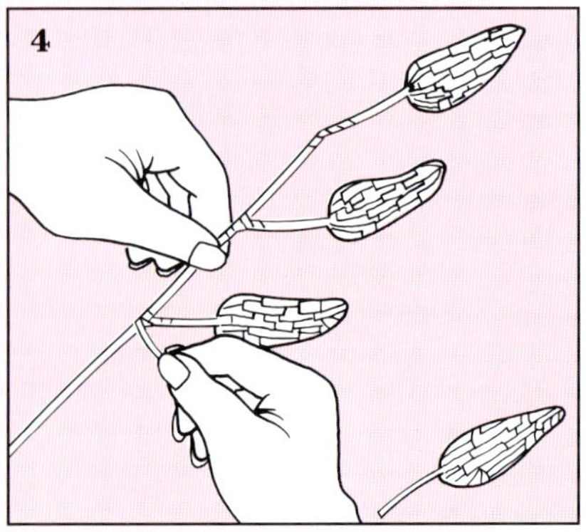

1 *Les piments vont être réalisés selon la technique du papier mâché en bandes disposées sur plusieurs couches. Fabriquez d'abord les formes de moulage en roulant 4 colombins de pâte à modeler de 2 cm d'épaisseur et de 5,5 cm de long. Modelez ensuite chaque colombin en arrondissant les bords de coupe à une extrémité et en étirant l'autre en pointe. Lorsque vous êtes parvenu aux formes convenables, enduisez chacune de vaseline pour faciliter le démoulage ultérieur.*

2 *Déchirez du papier journal en bandes de 3 cm de long et 3 mm à 1 cm de large environ. Diluez de la colle à reliure avec un peu d'eau ; enduisez-en les bandelettes avec un pinceau usagé. Recouvrez soigneusement chaque moule de bandelettes, en superposant leurs bords ; réservez les moins larges pour couvrir les extrémités. Appliquez ainsi 5 couches successives, en laissant sécher entre chaque couche. Utilisez des papiers de différentes couleurs pour ne pas confondre les couches.*

3 *Pour démouler, coupez en deux la coque en papier mâché et retirez la pâte à modeler. Reformez les piments en assemblant les moitiés à l'aide de bandes de papier journal encollées et appliquez 4 nouvelles couches de papier mâché. Pratiquez un trou à l'extrémité large des piments. Préparez des « queues » de 5 cm de fil à bonsaï, encollez-en une extrémité et introduisez chacune dans les trous des piments. Renforcez les points de jonction en y appliquant quelques bandes de papier mâché.*

4 *Coupez une tige de 30 cm de fil à bonsaï. Attachez un piment à un bout à l'aide de masking. Fixez les autres piments à 7 cm d'intervalle. Recouvrez ensuite la totalité des tiges de longues bandes de papier journal enduites de colle à reliure. Apprêtez en appliquant sur l'ensemble de l'enduit de bouchage pour bois. Laissez sécher, puis poncez au papier de verre fin pour obtenir une surface lisse. Peignez en mélangeant les couleurs (voir illustration).*

1 A l'aide du gabarit de la page 100, découpez 34 feuilles d'artichaut dans du papier souple vert pâle. Humectez les feuilles, imprégnez les bords de peinture aquarelle vert olive, puis la base et les pointes de peinture aquarelle violette. Laissez sécher, puis peignez-en 6 au verso de la même manière. Passez les feuilles sur une lame de ciseaux pour leur donner une courbure naturelle.

2 Mettez de côté les 6 feuilles peintes sur les deux faces. Découpez un cercle de 2 cm de diamètre dans le même papier vert pâle. Collez-le sur une sphère de polystyrène de 6,5 cm de diamètre. Disposez 6 feuilles autour du cercle, de sorte qu'elles se recouvrent bord à bord et en les faisant tenir en place avec du masking. Collez-les dans cette position sur la sphère par leur base. Collez de la même manière 3 autres rangées de feuilles tout autour de la boule, en les disposant en quinconce. Coupez une portion de la sphère en polystyrène, qui formera la base de l'artichaut.

3 Coupez une tige de bois de 5,5 cm de long et de 2 cm de diamètre pour représenter la queue. Dans le papier souple vert pâle, découpez un carré de 7 cm de côté ; humectez-le et teintez l'un des bords avec la peinture aquarelle violette. Laissez-le sécher et collez-le autour de la tige, le bord violet affleurant à une extrémité. A l'autre extrémité, découpez le papier qui dépasse en franges assez larges que vous encollerez et rabattrez sur la section de la tige. Pour la finition, découpez un cercle de 1,8 cm de diamètre de papier vert pâle et collez-le sur la section, de façon à masquer les franges rabattues, inesthétiques.

4 Collez l'extrémité violette de la tige sur la base plate de la sphère. Collez ensuite les 6 feuilles précédemment mises de côté, de façon à couvrir la partie de sphère encore nue et la jointure entre la tige et la sphère.

1

2

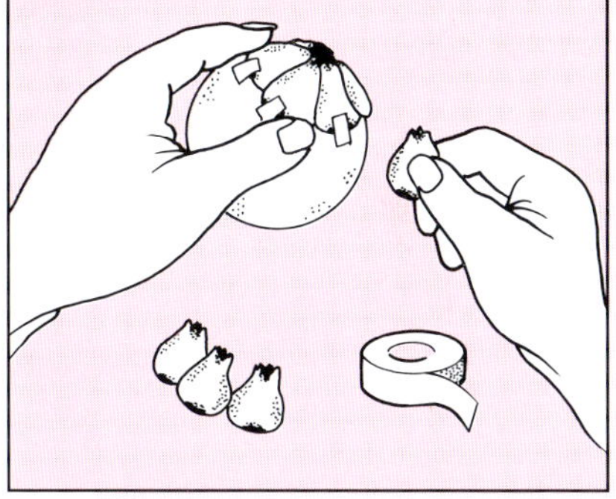

3

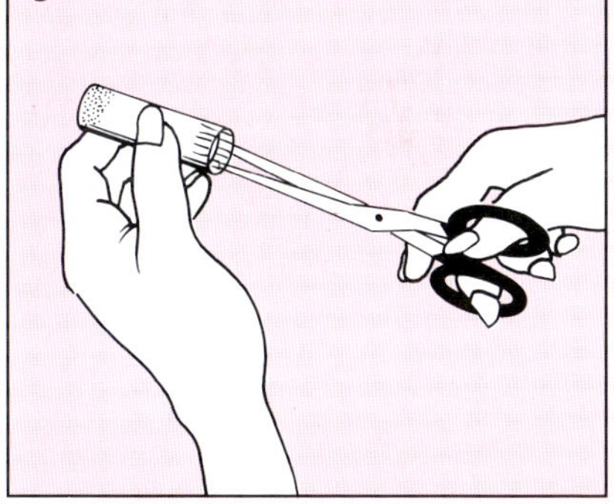

4

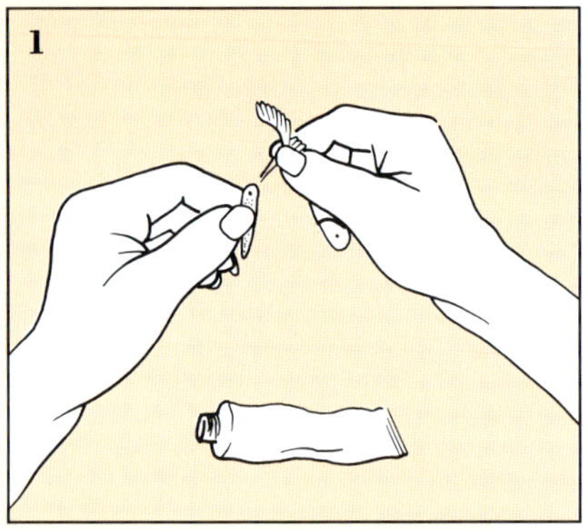

► *Ces cadres garnis de petits légumes en relief seront du plus bel effet sur les murs de la cuisine.*

1 *Pour faire une carotte, coupez 2,2 cm de l'extrémité d'un cure-dent en bois. Enveloppez-le dans plusieurs épaisseurs de papier crépon orange pour l'épaissir. Percez un trou à l'extrémité la plus grosse. D'après le gabarit de la page 100, découpez la feuille de carotte dans du papier vert. Encollez la tige de la feuille et glissez-la dans le trou de la carotte.*

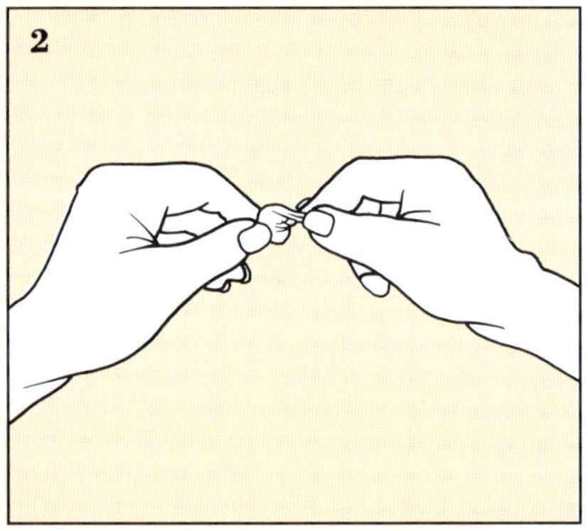

2 *Pour faire un oignon, découpez un cercle de 4,5 cm de diamètre dans du papier de soie blanc. Prenez une perle de 1 cm de diamètre, encollez le pourtour de l'un des trous et posez la perle au centre du papier, le trou encollé vers le haut. Enveloppez la perle dans le papier en tordant les bords en pointe au sommet. Encollez la pointe pour la fixer.*

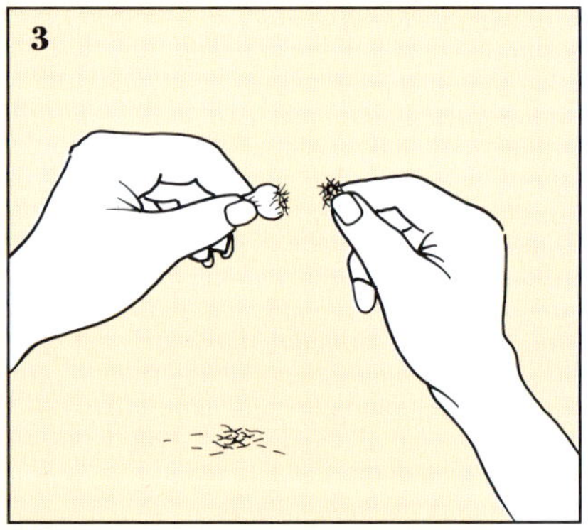

3 *Percez le papier au niveau du trou inférieur de la perle pour y passer un fil de fer. Cela vous permettra de manipuler l'oignon pendant que vous le peindrez avec de l'encre de Chine de couleur terre de Sienne brûlée. Laissez sécher et ôtez le fil de fer. Collez sous l'oignon un peu de paille fine ou un petit morceau de raphia effiloché et retaillez à la bonne longueur.*

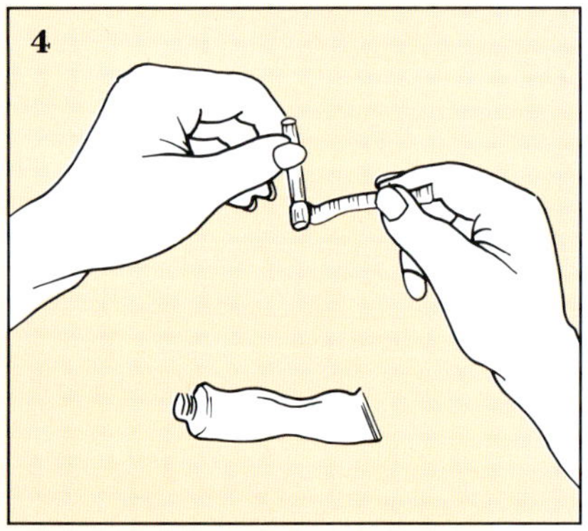

4 *Pour faire un poireau, coupez, dans un cure-dent en bois, un morceau de 3 cm de long. Enveloppez-le dans une bande de papier crépon blanc de 10 x 3 cm. Découpez une autre bande de papier crépon de 6 cm x 5 mm ; enroulez-la et collez-la autour de l'une des extrémités. D'après le gabarit de la page 100, découpez 3 feuilles de poireau dans du papier crépon, en disposant les bords les plus longs dans le sens des plis du papier. Découpez les fentes.*

5 Collez les feuilles autour de la tige, en superposant les bords et en recouvrant jusqu'au pied bulbeux du poireau. Pour pouvoir le tenir pendant que vous le peignez, piquez une épingle à la base du poireau et humidifiez-le avec un pinceau. Passez de l'encre de Chine vert pomme sur les pointes des feuilles, en laissant la couleur s'écouler vers le bas.

5

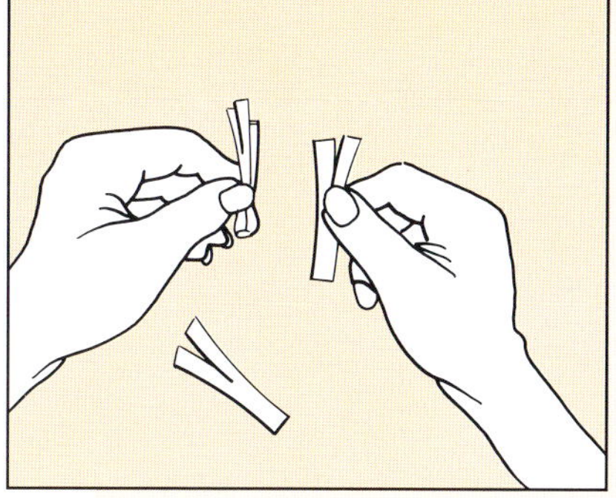

6 Pour faire le chou-fleur, froissez du papier blanc et collez-le autour d'une boule de coton ou d'une perle de 1,5 cm de diamètre et peignez à l'encre de Chine blanche. D'après le gabarit de la page 100, découpez 10 feuilles dans du papier texturé vert. Collez 5 feuilles autour de la « fleur » en faisant se chevaucher les bords. Passez les feuilles restantes autour d'une lame de ciseaux pour les incurver vers l'extérieur. Collez-les autour du chou-fleur.

6

7 Pour le navet, poncez les sommets percés d'une perle en bois de 1,5 cm de diamètre afin de les aplatir. Collez une fine bande de papier crépon autour de la perle pour donner du volume au navet. Découpez une bande de papier crépon blanc de 6,5 x 2,5 cm, en disposant la largeur dans le sens des plis du papier. Collez-la autour de la perle et enfoncez le surplus de papier dans les trous.

7

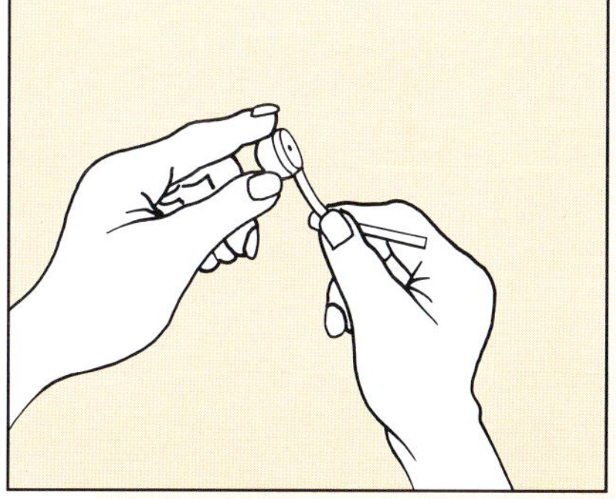

8 Enroulez très finement une longue bande de papier crépon, encollez l'une de ses extrémités et passez-la dans l'un des trous pour figurer la racine. Donnez-lui une courbure naturelle. Humidifiez le navet et déposez de l'encre de Chine vermillon autour de l'autre trou. Humidifiez du papier texturé vert pâle et teintez-le d'encre de Chine vert émeraude. Laissez sécher, puis, d'après le gabarit de la page 100, découpez-y une feuille de navet. Pliez-la un peu le long de la nervure. Encollez la base et passez-la dans le trou resté libre. Collez les légumes sur un papier de fond et disposez-les dans des boîtes-cadres.

8

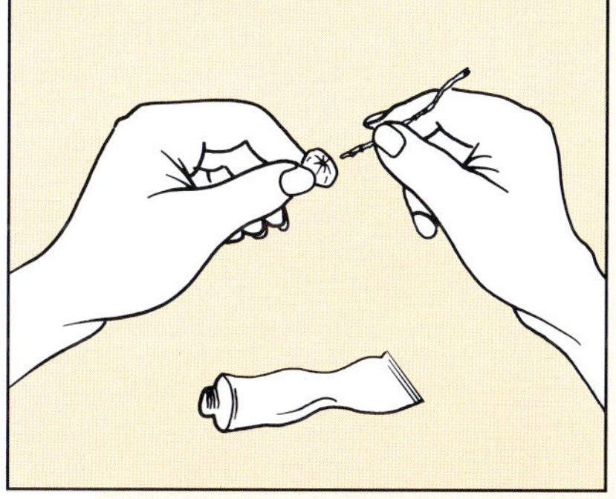

MERCIER

Messagères du cœur

Les fleurs sont souvent offertes en gage d'amour ou d'amitié. Pour la Saint-Valentin, les anniversaires de mariage ou autres fêtes, voici une foule d'idées pour marquer d'une attention délicate vos présents et messages d'affection. Un cadeau réalisé par vos soins et présenté dans un emballage personnalisé reflétera les sentiments que vous portez à son destinataire.

1 *Découpez un bloc de mousse de fleuriste aux dimensions d'un panier, et collez-la à l'intérieur. Réalisez des roses écloses en suivant les étapes 1 à 4 de la page 16.*

2 *Piquez les roses de façon à constituer une rangée de base tout autour du panier.*

3 *Piquez la lavande verticalement, au centre du panier.*

▲ *Voici un joli petit panier odorant de roses délicates et de lavande fraîche.*

▶ *Romantique, ce cœur de roses percé d'une flèche d'or sera un merveilleux messager pour la Saint-Valentin.*

1 *Dessinez sur du papier un cœur de 26 cm de haut. Servez-vous-en de guide pour modeler une tige de fil de fer épais selon la même forme. Réunissez les extrémités, superposez-les et fixez-les à l'aide de masking.*

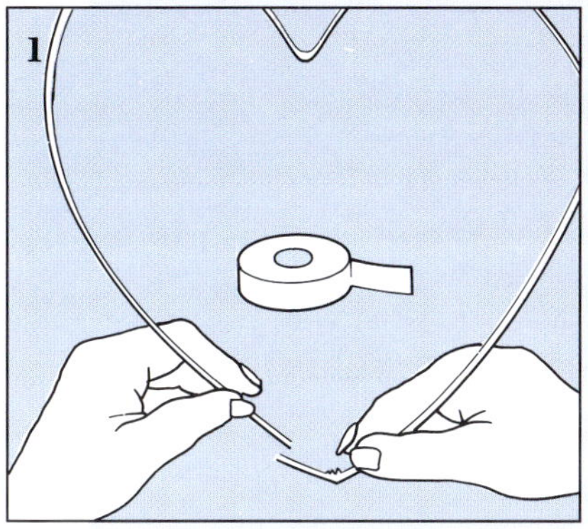

2 *Confectionnez 15 roses épanouies dans du papier léger rouge en suivant les étapes 1 à 4 de la page 16. D'après le gabarit de la page 92, découpez 17 feuilles de rose dans du papier vert foncé et montez-les sur tige selon la méthode décrite en page 14. Fixez les roses et les feuilles, en les alternant, tout autour du cœur à l'aide de ruban floral.*

3 *Pour réaliser la flèche, peignez une baguette de bois ronde de 43 cm à la peinture dorée. D'après les gabarits des pages 100 et 101, découpez une pointe de flèche et une empenne dans du carton doré. Rainez-les au verso le long des lignes figurant sur les gabarits et pliez-les légèrement le long de celles-ci, afin de leur donner du volume.*

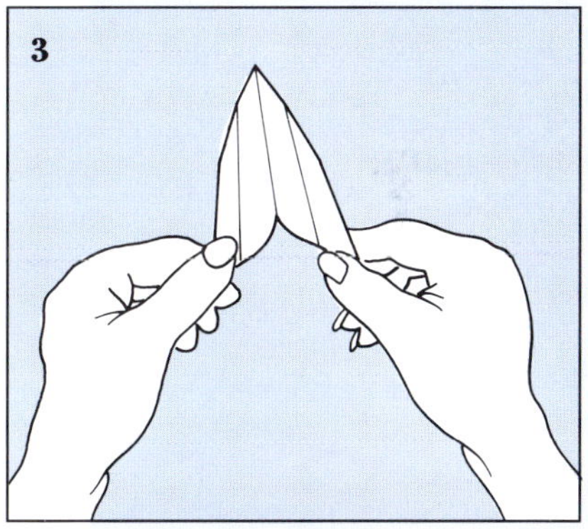

4 *Collez la pointe et l'empenne de la flèche aux deux extrémités de la tige dorée. Fixez la flèche en diagonale au dos du cœur à l'aide de ruban floral.*

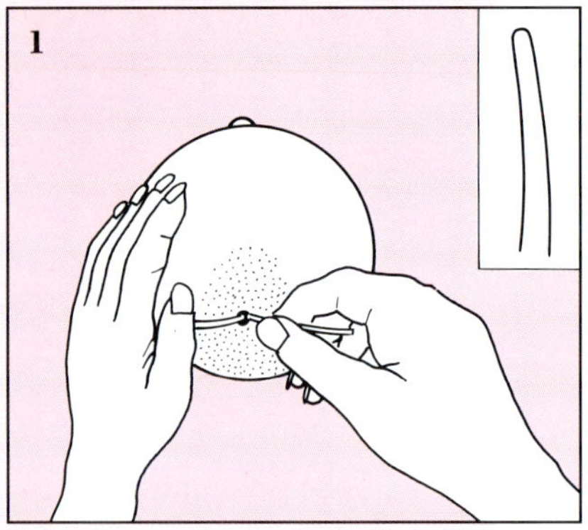

1 *Pliez un morceau de fil de fer épais en épingle à cheveux. Enfoncez-le par les extrémités au cœur d'une boule de mousse de fleuriste jusqu'à ce qu'il ne subsiste plus qu'une boucle de fil de fer. Écartez sous la boule les deux pointes de la tige ressorties à l'opposé, afin de la maintenir en place. Enfilez un ruban dans la boucle de fil de fer et nouez les deux extrémités : il servira à suspendre la réalisation achevée. Fixez un nœud de ruban autour du ruban de suspension.*

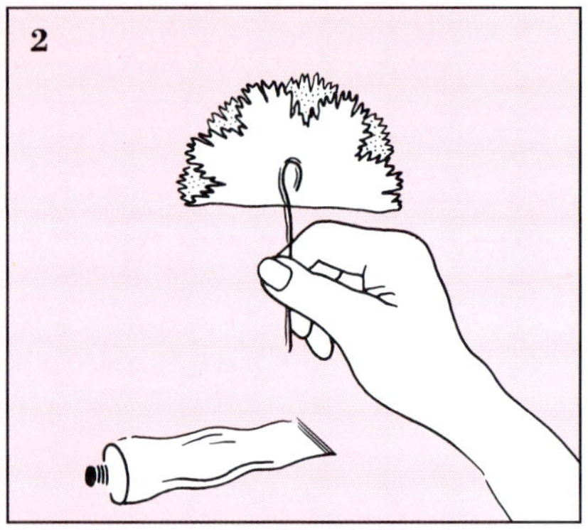

2 *D'après les gabarits figurant page 101, découpez dans du papier de soie 4 corolles pour chaque œillet, les grandes en rose pâle, les petites en rose vif. Humidifiez chaque pièce à l'aide d'un pinceau. Laissez sécher. Pliez 1 corolle en deux, pour que les pétales se disposent en alternance sur les deux demi-circonférences. Recourbez en crochet l'extrémité d'une tige de fil de fer épais, puis encollez le crochet et posez-le au milieu de la corolle pliée en deux. Enroulez la corolle autour du crochet.*

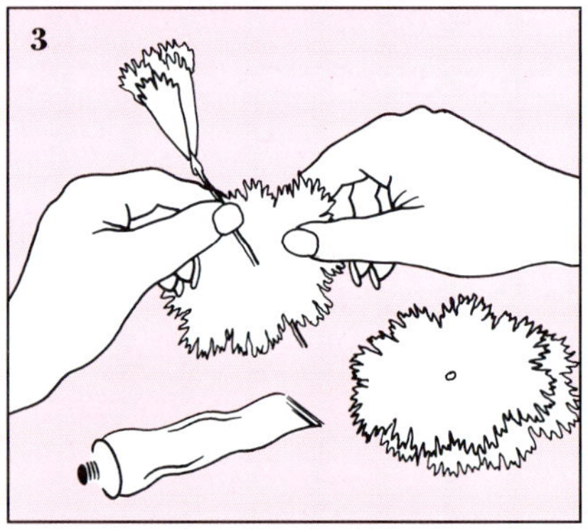

3 *Percez un trou au centre des autres corolles. Encollez-en le pourtour, puis enfilez les corolles sur la tige en les remontant et les resserrant autour des corolles déjà montées. Habillez la base de la fleur et sa tige de ruban floral vert.*

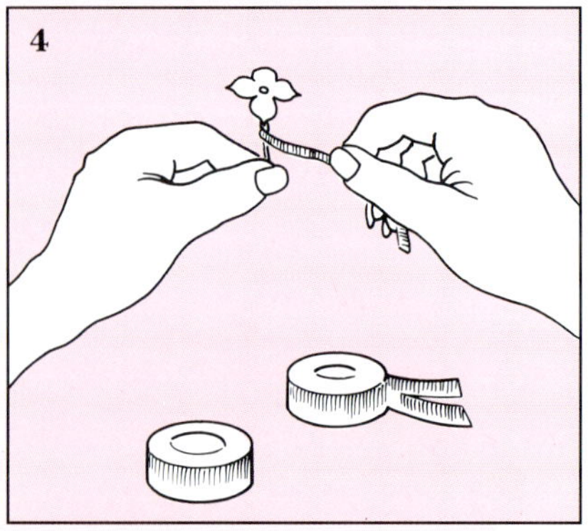

4 *D'après le gabarit de la page 104, dessinez des petites fleurs d'hortensia sur du papier à aquarelle. Peignez-les à l'aquarelle rose pâle, avec une pointe de rouge ou de mauve aux extrémités. Après séchage, découpez les fleurs et passez les pétales sur une lame de ciseaux pour les incurver. Percez un trou au centre et passez dans chacune 1 tête de fil à étamine. Montez les fleurs ainsi composées sur des tiges de gros fil de fer, à l'aide de ruban floral.*

▶ *Cette boule de fleurs mélangées fera une délicieuse suspension pour égayer la maison un jour de fête. Vous pourrez également l'adapter en centre de table.*

▼ *Pivoines et œillets de poète couronneront joliment un pot-pourri parfumé dans une coupe en verre.*

5 *Confectionnez des pivoines, des freesias et des roses épanouies comme indiqué en pages 16, 18, 20 et 21, mais sans les feuilles. D'après le gabarit de la page 104, découpez des feuilles de ficus dans du papier écru. Peignez en vert leur motif central. Avec le gabarit de la page 90, découpez également de grandes feuilles de chèvrefeuille dans du papier vert. Montez les feuilles sur tige suivant la méthode décrite en page 14. Piquez les fleurs et les feuilles en les répartissant de façon harmonieuse dans la boule.*

6 *La couronne est montée sur un cercle de fil de fer aux dimensions du pot-pourri. Liez les extrémités avec du masking. Reportez-vous aux instructions de la page 18 pour confectionner des pivoines dans du papier de soie rouge. D'après les gabarits des pages 95 et 101, découpez des feuilles de pivoine dans du papier vert foncé et des feuilles d'œillet de poète dans du papier vert vif. Montez-les sur tige selon la méthode décrite en page 14, en pliant les feuilles de pivoine le long de la nervure centrale.*

7 *Réalisez les rameaux d'œillets de poète en découpant pour chacun 5 fleurs dans du papier magenta, d'après le gabarit de la page 101. Percez un trou au centre. Dessinez les marques à la base des pétales avec un stylo-feutre mauve. Passez 2 têtes de fil à étamine rose au centre de chaque fleur. Fixez-les d'un point de colle au verso, autour du trou.*

8 *Habillez les tiges des fils à étamines de ruban floral de 5 mm de largeur. Montez une des fleurs à l'extrémité d'un fil de fer fin de 7,5 cm à l'aide de ruban floral. De la même manière, fixez les autres fleurs en bouquet sous la première et ajoutez 2 feuilles sous le bouquet. Fabriquez ainsi suffisamment de pivoines et de bouquets d'œillets de poète pour garnir toute la couronne, puis montez-les sur celle-ci à l'aide de ruban floral.*

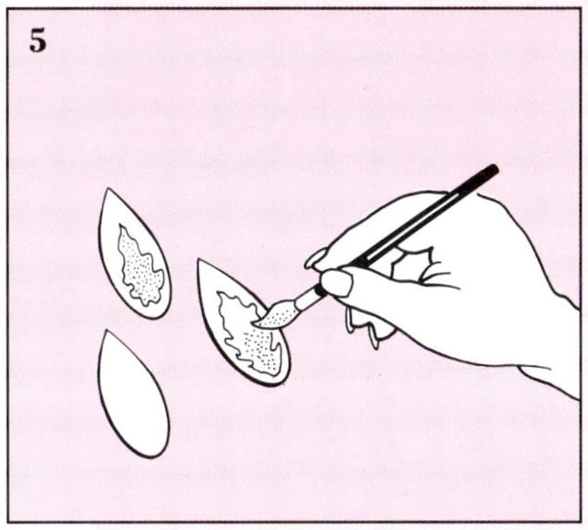

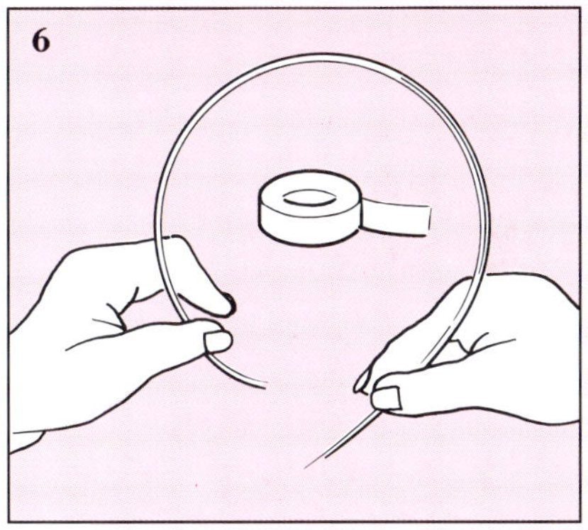

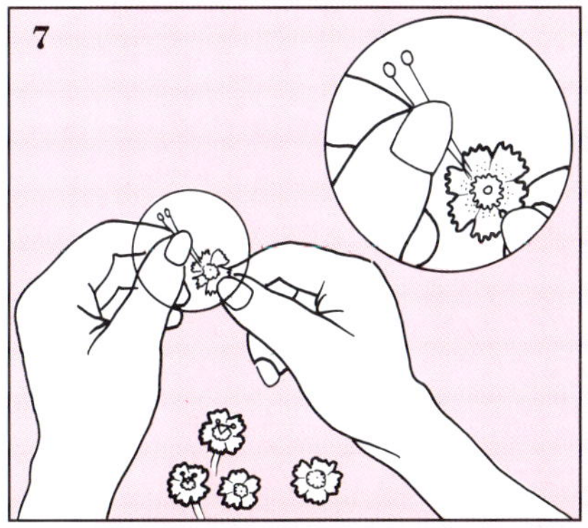

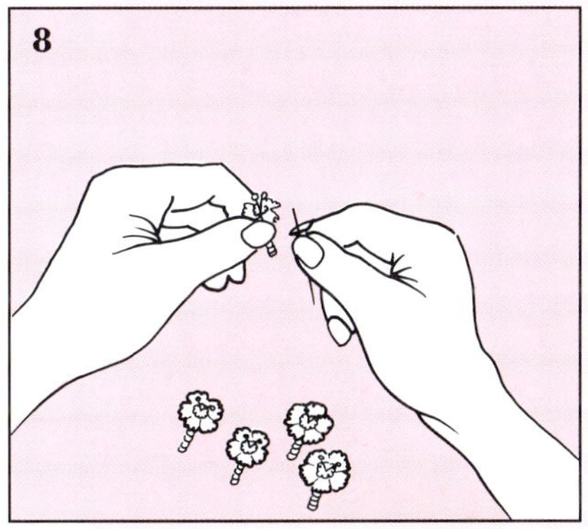

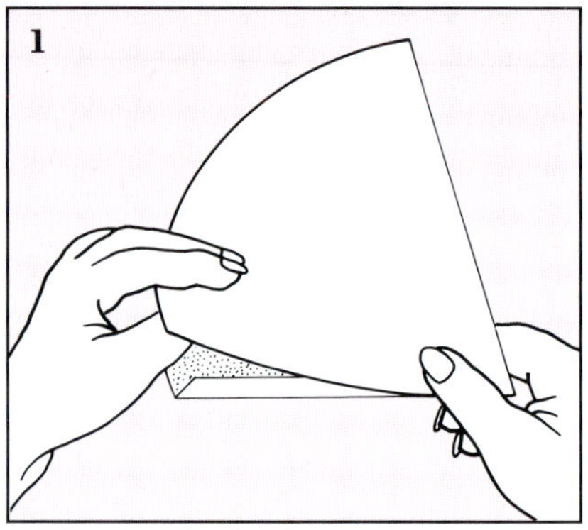

1 Pour confectionner la pochette à bonbons, découpez deux formes à partir du gabarit de la page 102 dans du carton gaufré doré. Vous obtenez deux moitiés de pochette. Rainez au verso le long des lignes bleues. Sur une moitié, percez les trous et rainez les lignes rouges au verso, puis pliez les pattes de fixation le long des rainages. Sur l'autre moitié, supprimez tout simplement les pattes. Assemblez les deux moitiés par les pattes de fixation avec du ruban adhésif double face.

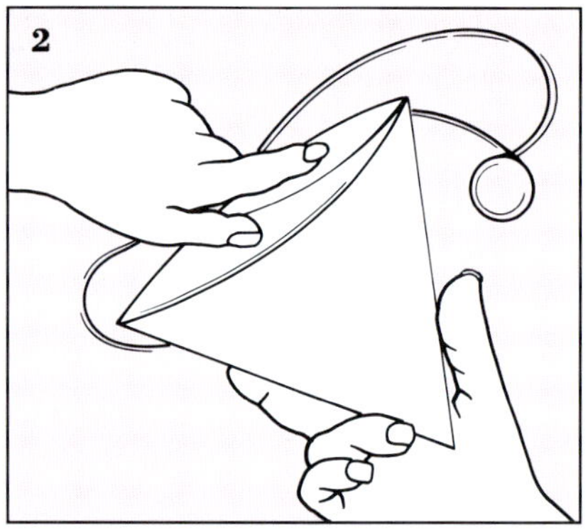

2 Passez un cordon doré dans les trous et nouez-en les extrémités à l'intérieur de la pochette. Pressez doucement la pochette par les deux bords latéraux, entre le pouce et l'index, de façon à l'entrouvrir. Rabattez les deux ellipses de fermeture.

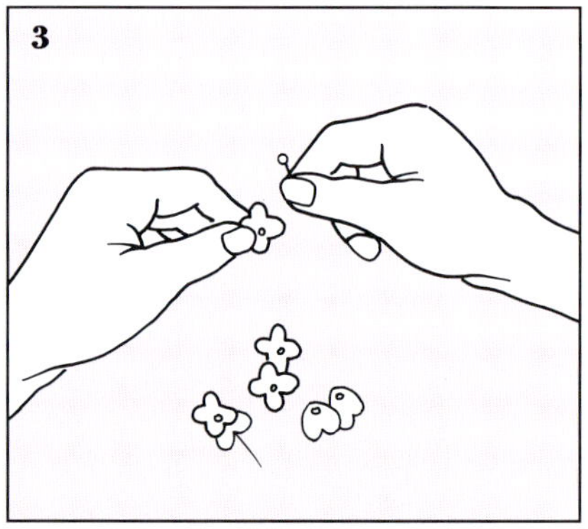

3 Accolez deux feuilles de papier de soie mauve avec de la colle en bombe. Découpez-y, pour chaque violette, 1 pétale supérieur et 1 pétale inférieur d'après les gabarits de la page 101. Percez les trous dans les pétales. Passez 1 tête de fil à étamine jaune dans le pétale supérieur, encollez autour du trou au verso, puis enfilez l'ensemble tel quel dans le pétale inférieur, en pressant pour coller. Fabriquez ainsi 5 fleurs.

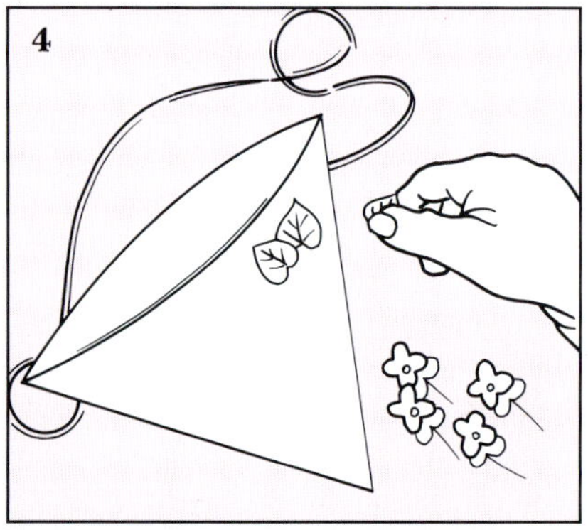

4 D'après le gabarit de la page 101, découpez des feuilles de violette dans du papier vert. Pliez le long de la nervure. Disposez les fleurs et les feuilles sur la pochette selon votre goût, et collez-les.

▶ *Voici une ligne de somptueux emballages cadeau qui sauront ravir en maintes occasions.*

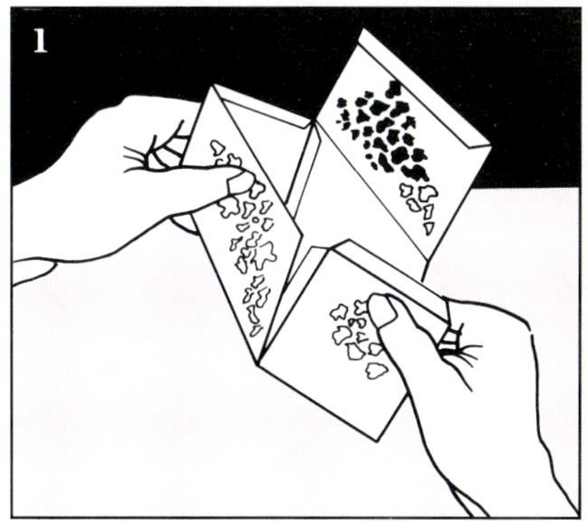

1 *Le gabarit de la boîte-cadeau aux délicats motifs ajourés se trouve en page 103. Reportez-le sur du carton doré et découpez la forme. Découpez ensuite très soigneusement au cutter les motifs floraux ajourés et rainez les lignes rouges au verso. Pliez le long des rainages pour former la boîte, et collez les pattes de fixation sous la face frontale et la face arrière. Disposez dans la boîte votre cadeau enveloppé de papier de soie coloré.*

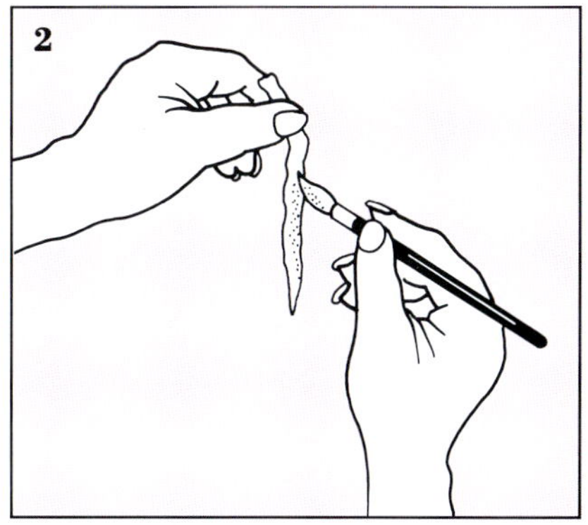

2 *Les amarantes queue-de-renard sont figurées ici par les tiges de 3 cure-pipes dont vous prélèverez les extrémités. Peignez-les en rouge foncé et laissez sécher. D'après le gabarit de la page 104, découpez 4 feuilles de ficus dans du papier vert. Pliez les feuilles le long de la nervure. Disposez les queues-de-renard en les faisant courir sur un paquet-cadeau, avec les feuilles au sommet. Collez le tout en place.*

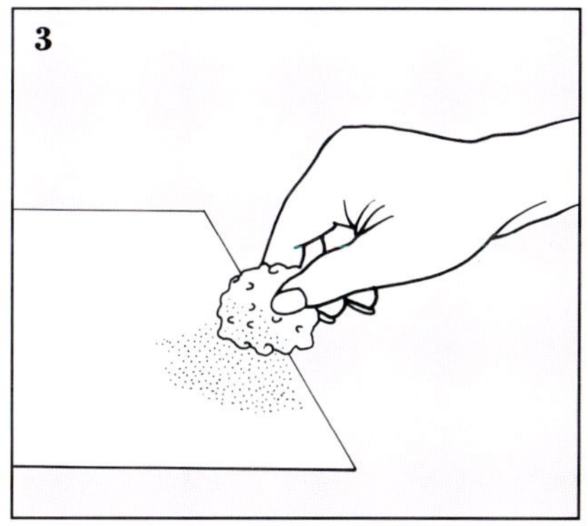

3 *Avec le gabarit de la page 103, découpez une boîte-cadeau dans du papier gaufré sans ajourer les motifs. A l'aide d'une éponge, tamponnez de la peinture dorée sur du papier souple de couleur lie-de-vin et servez-vous-en pour fabriquer une pivoine à étamines dorées en suivant les instructions de la page 18. Nouez un joli ruban autour de la boîte et glissez-y la tige de la pivoine.*

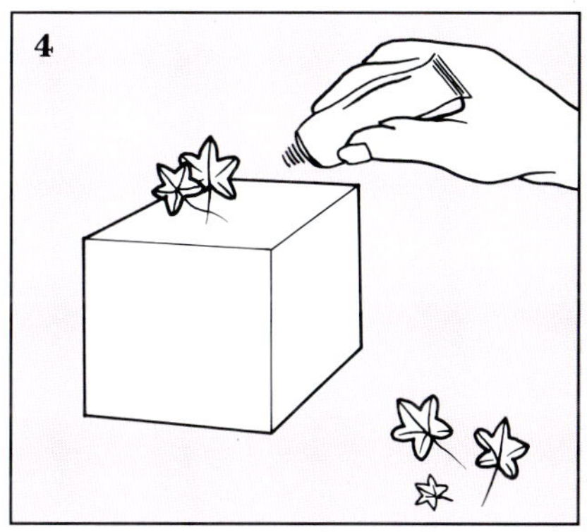

4 *Les feuilles de lierre fantaisie sont réalisées dans du papier lie-de-vin tamponné à l'éponge de peinture dorée. Après séchage, découpez-en de différentes tailles, à l'aide des gabarits de la page 97. Montez-les sur des tiges de fil de fer doré en suivant la méthode décrite en page 14. Disposez les feuilles sur le paquet-cadeau et collez-les.*

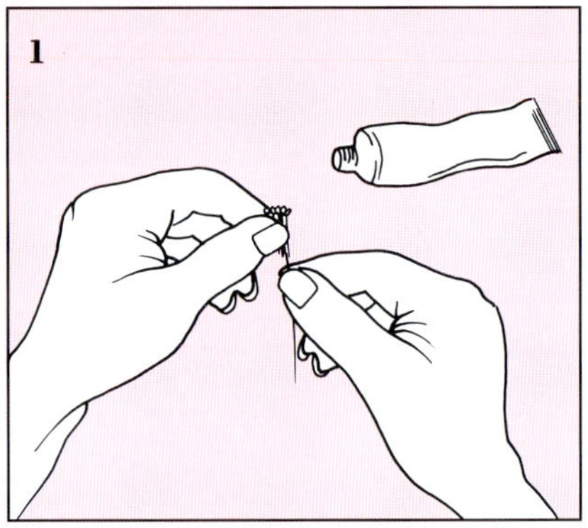

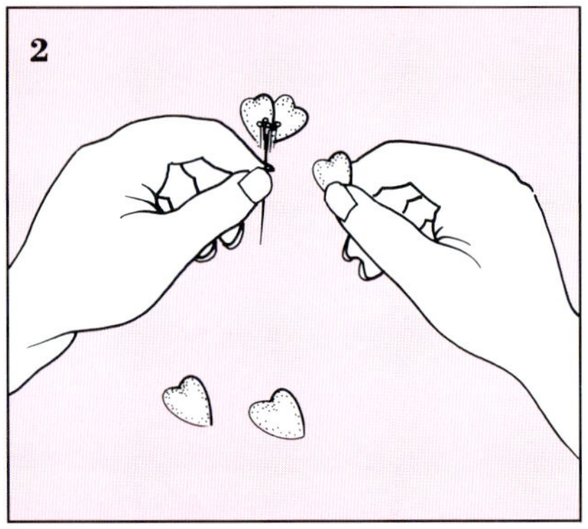

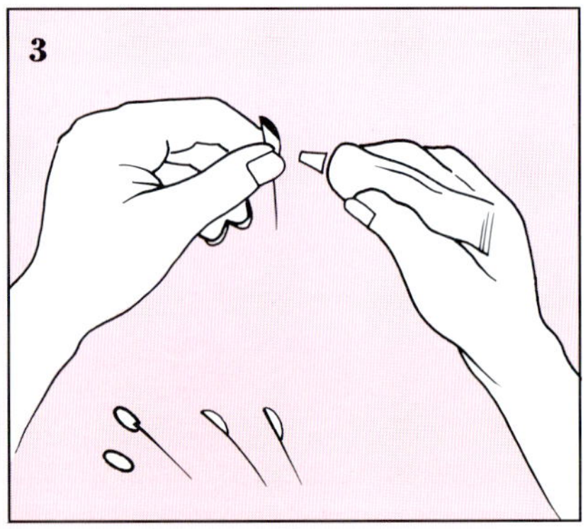

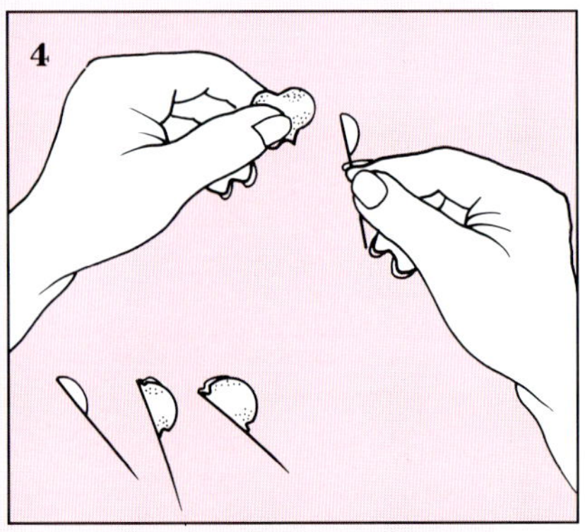

__1__ Pour confectionner une églantine, utilisez le gabarit du petit pétale de rose épanouie, page 92. Découpez-en 5 dans du papier de soie blanc. Peignez d'abord les pétales avec de l'encre de Chine blanche, puis, avant qu'elle sèche, appliquez un mélange d'encre de Chine blanc et carmin sur les bords. Collez 18 têtes de fil à étamine jaune en bouquet à l'extrémité d'une tige de fil de fer fin de 7 cm.

__2__ Passez les bords des pétales sur une lame de ciseaux pour les incurver vers l'extérieur. Collez les pétales autour des étamines. Habillez la base de la fleur et la tige avec du ruban floral. Évasez les étamines. Pour le rameau de pois de senteur, utilisez les gabarits des pages 102 et 103, et découpez 4 cœurs, 3 petits et 2 grands pétales dans du papier de soie mauve ou rose. Humidifiez ces pièces et laissez-les sécher.

__3__ Roulez du coton hydrophile en 4 petites boules ovales ; collez-les à l'extrémité de tiges de fil de fer fin de 11 cm. Pliez les cœurs en deux dans le sens de la longueur et enveloppez-en chaque boule de coton, la pointe vers le bas au niveau de la tige. Collez les deux bords du cœur l'un sur l'autre en emprisonnant le coton.

__4__ Encollez 3 des 4 cœurs montés le long de leur ligne de pliure et appliquez chacun sur la ligne médiane d'un petit pétale. Répétez la même opération avec 2 des pois ainsi montés pour les appliquer chacun sur un grand pétale. Vous obtenez alors 1 fleur en bouton, 1 fleur moyenne et 2 grosses fleurs. Évasez les bords des pétales pour leur donner une courbure naturelle. Accolez deux feuilles de papier de soie vert vif avec de la colle en bombe. D'après les gabarits des pages 90 et 103, découpez 4 calices et 2 feuilles moyennes de chèvrefeuille. Collez les calices à la base des pois de senteur en les enveloppant un peu. Montez les feuilles sur tige selon la méthode décrite en page 14. Habillez la base des fleurs et leur tige de ruban floral.

5 Fixez le bouton à l'extrémité d'une tige de gros fil de fer à l'aide de ruban floral. Continuez à recouvrir la tige en ajoutant la petite, puis les grandes fleurs et les feuilles. Enroulez un fil gainé vert fin autour d'un crayon pour faire une vrille. Dégagez-le et étirez-le légèrement. Fixez-le à la base de la tige. Confectionnez des rameaux de freesia et d'eucalyptus en suivant les instructions données en pages 19 et 20.

6 Pour chaque orchidée et chaque lis, réalisez des étamines en enroulant des bandelettes de papier jaune autour de 6 tiges de fil de fer fin de 7 cm de long. Créez un renflement à l'une des extrémités. Pour faire le pistil des lis, procédez de la même manière, mais en utilisant des bandelettes blanches. Collez l'ensemble en bouquet à l'extrémité d'un fil de fer fin.

7 Avec le gabarit de la page 102, découpez les lis dans du papier blanc. Passez les pétales sur une lame de ciseaux pour les incurver. Formez la fleur (une grosse clochette) en collant l'un sur l'autre les deux bords latéraux. Déposez de la colle à la base du bouquet d'étamines. Glissez-le à l'intérieur du lis et collez-le à la base de la fleur. Découpez 1 feuille de jacinthe dans du papier vert d'après le gabarit de la page 97 et montez-la sur tige comme il est indiqué en page 14. Habillez la base de la fleur et la tige de ruban floral, en incluant la feuille. D'après le gabarit de la page 103, découpez 5 pétales d'orchidée dans du papier de soie blanc. Peignez-les à l'encre de Chine pourpre. Ajoutez des nervures blanches partant de la base. Passez les pétales sur une lame de ciseaux pour les incurver. Collez-les autour du bouquet d'étamines. Habillez la base de la fleur et la tige de ruban floral. Courbez les étamines de façon naturelle. Il vous reste à monter vos fleurs en couronne avec du ruban floral, ou sur du fil à bonsaï pour les enrouler autour d'un verre.

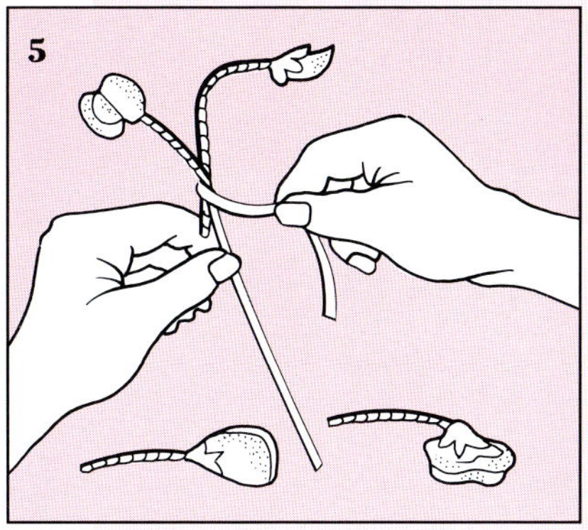

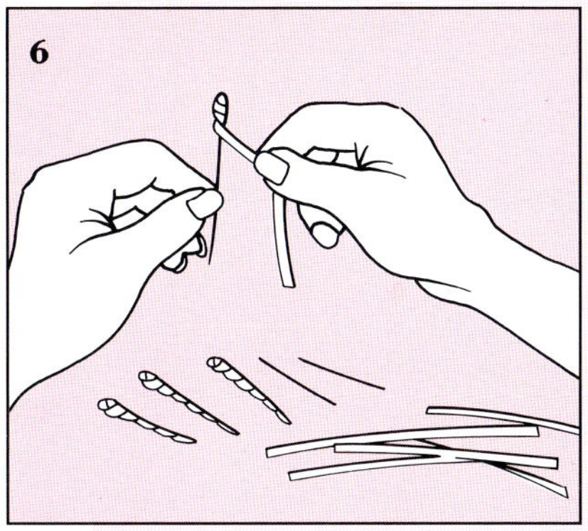

◀◀ Une couronne de fleurs flamboyantes lovée autour d'une bouteille de champagne, d'exotiques orchidées et des lis ornant les verres apporteront une note raffinée à un repas de fête.

◀ Les teintes délicates de cette couronne de fleurs de jardin se détachent sur le blanc immaculé d'un gâteau de mariage.

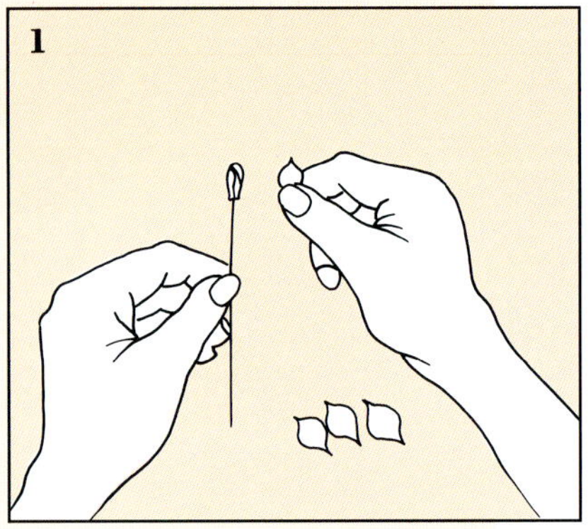

1 *Recourbez en crochet l'extrémité d'un fil de fer fin. Collez un cercle de papier de soie jaune pâle de 2 cm de diamètre enveloppant le crochet. Colez deux feuilles de papier de soie jaune pâle avec de la colle en bombe. Découpez 11 pétales intérieurs et 11 pétales extérieurs avec les gabarits de la page 104. Collez 3 pétales intérieurs serrés autour du cœur. Incurvez les pointes des autres pétales intérieurs en les passant délicatement sur une lame de ciseaux fermée.*

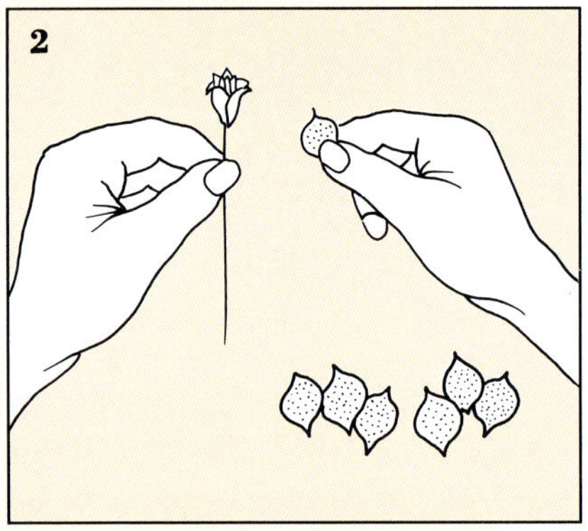

2 *Collez les pétales intérieurs restants autour du cœur, en couches successives, en superposant les bords. Passez à leur tour les pétales extérieurs sur une lame de ciseaux pour les recourber. De la même manière, collez-les autour de la fleur. D'après les gabarits de la page 104, découpez un jeu de sépales, 1 grande feuille et 2 petites dans du papier vert. Courbez en arrière la pointe des sépales en les passant sur une lame de ciseaux.*

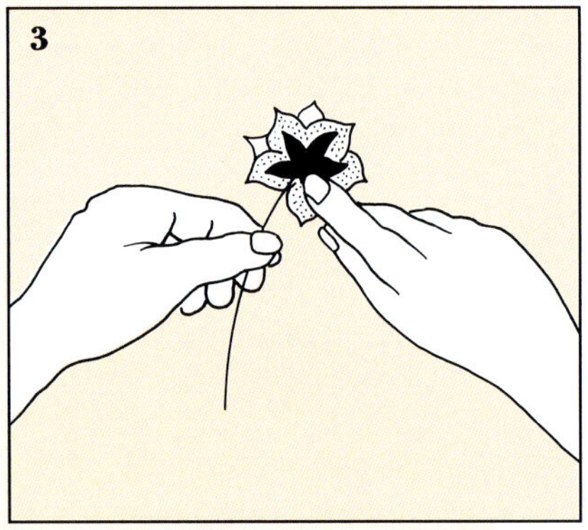

3 *Collez les sépales sous la rose. Montez les feuilles sur un fil gainé vert selon la méthode décrite page 14. Fabriquez ainsi 2 roses par rameau. Pour confectionner une petite rose en bouton, recourbez en crochet l'extrémité d'une tige de fer de 5 cm de long. Collez autour du crochet une boule de coton de 7 mm de diamètre.*

▶ *De délicates petites roses seront du plus ravissant effet autour d'un flacon de parfum, ou dispersées sur une coiffeuse.*

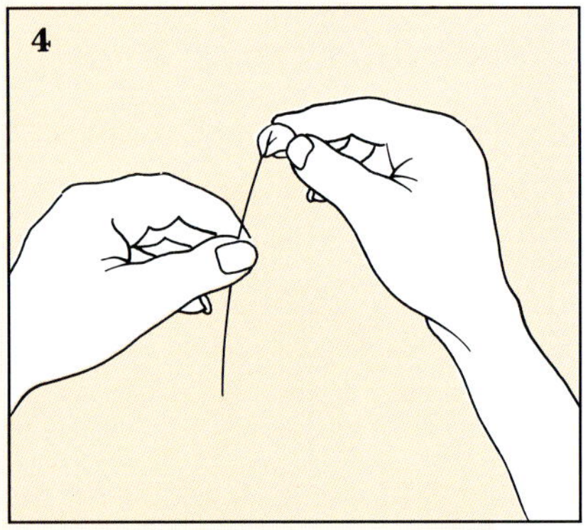

4 *Collez autour de la boule de coton, en l'enveloppant, un cercle de papier de soie jaune pâle de 2 cm de diamètre. Découpez un jeu de sépales dans du papier vert et collez-le autour du bouton. Habillez les tiges de l'une des roses, du bouton et de la grande feuille de ruban floral de 6 mm de large. Commencez ensuite à habiller la tige de la rose restante en incorporant successivement la première rose, le bouton, la grande feuille et les petites feuilles.*

▲ *Au* XIX*e siècle, on portait souvent de petits bouquets de plantes aromatiques pour se préserver des maladies contagieuses. Celui-ci est fait de camomille, de myosotis, de feuilles de coriandre et de ciboulette.*

▼ *Une carte fabriquée par vos soins sera la plus belle des façons de transmettre un message d'affection.*

1 *Découpez des motifs floraux dans du papier cadeau ou toute autre chute de papier imprimé. Les cartes de vœux sont réalisées dans un papier épais et fibreux. Pour obtenir des bords nets, découpez les cartes un peu plus grandes que le format souhaité, alignez une règle sur la bordure, maintenez-la fermement et déchirez la bande de papier en surplus le long de celle-ci. Procédez ainsi pour les quatre côtés. Pliez la carte en deux. Disposez les motifs floraux et collez-les ainsi sur le rabat supérieur. Vous pouvez pratiquer une rangée de fentes sur deux côtés, faire un nœud à un ruban et en glisser les extrémités dans les fentes comme le montre la photographie ci-dessous.*

2 *D'après le gabarit de la page 104, découpez le cœur dans du papier de couleur et tracez le motif floral que vous ajourerez avec soin au cutter. Collez-le bien centré sur le rabat d'une carte rectangulaire.*

3 *Pour la camomille, fabriquez 6 pâquerettes comme indiqué en page 21, mais sans feuilles. Pour réaliser 3 rameaux de myosotis, accolez deux feuilles de papier de soie bleu et deux feuilles de papier de soie lilas avec de la colle en bombe. D'après le gabarit de la page 104, découpez 18 fleurs bleues et 3 fleurs lilas ; percez un trou en leur centre. Introduisez 1 tête de fil à étamine jaune dans chacune. Encollez le pourtour des trous au verso. Habillez les tiges de ruban floral.*

4 *Pour chaque rameau, fixez 3 fleurs bleues au sommet d'une tige de fil de fer fin à l'aide de ruban floral. Continuez d'habiller la tige en ajoutant 4 autres fleurs. D'après le gabarit de la page 104, découpez 12 feuilles de coriandre dans du papier vert. Montez-les sur tige fine comme indiqué en page 14. A l'aide de ruban floral, fixez-les par 3 à l'extrémité d'une tige de gros fil de fer. Découpez des bandelettes de papier vert en forme de feuilles de ciboulette. Attachez les rameaux de fleurs et les feuilles en bouquet, et nouez à leur base un joli ruban.*

1
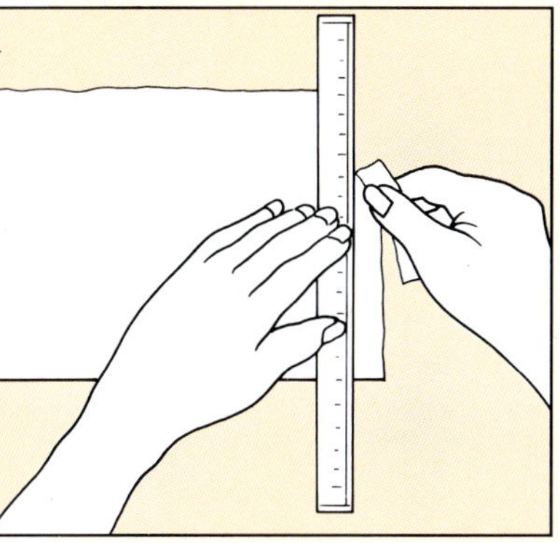

2
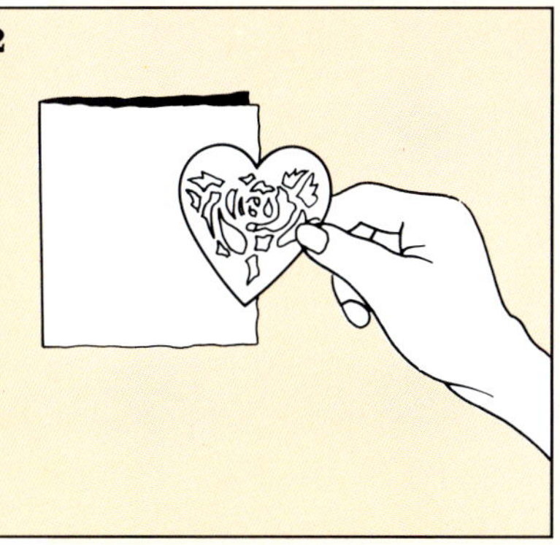

3
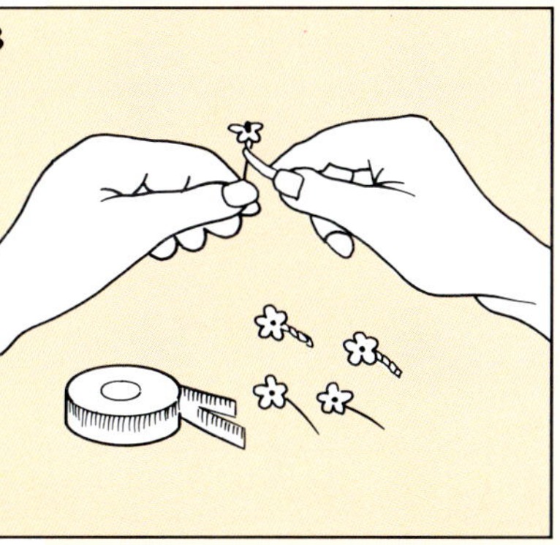

4

Décorations et accessoires

Voici quelques idées pratiques de décorations florales pour la maison ou divers accessoires. Elles vous permettront d'apposer votre marque dans votre cadre de vie ou sur vos effets personnels. En outre, avec un peu de talent créatif, vous pouvez adapter chaque réalisation proposée, par exemple en modifiant les coloris pour les harmoniser avec votre intérieur.

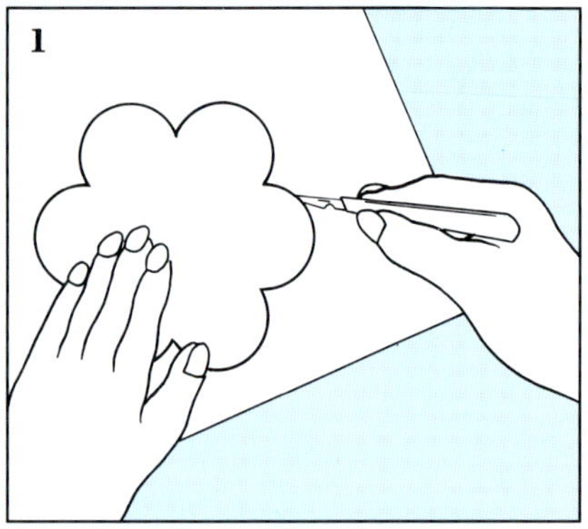

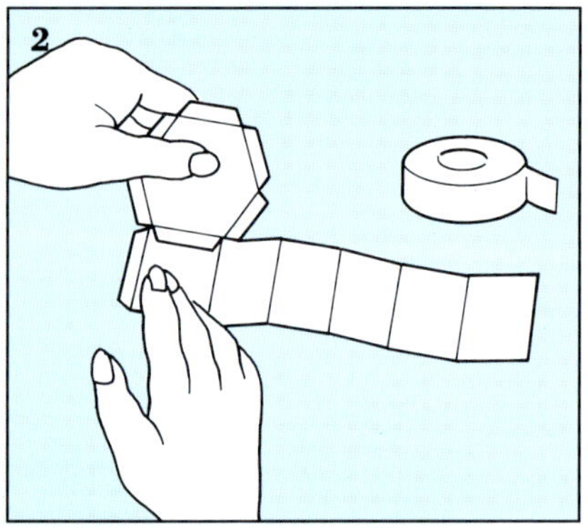

1 *Les gabarits du fond et de la fleur de la boîte-nénuphar figurant en pages 104 à 106 sont reproduits ici pour s'adapter aux dimensions de la boîte moyenne (voir les trois tailles proposées pages 105 et 106). Selon la taille de boîte que vous souhaitez réaliser, vous devrez donc les agrandir à 141 % ou les réduire à 71 %. Une fois le format déterminé, reportez ces gabarits sur du carton coloré et découpez-les. N'évidez le centre du nénuphar que si vous faites une boîte. Pour la carte-nénuphar, il suffit de rainer et de plier la fleur comme indiqué ci-après, sans tenir compte des pattes de fixation.*

2 *Rainez au verso les lignes figurant en bleu sur les gabarits. Rabattez les pattes de fixation de la fleur en arrière et pliez les pétales le long des rainures en les relevant (voir photographie). Pour une boîte, posez de l'adhésif double face sur la face appropriée des pattes de fixation de toutes les pièces. Montez la boîte en commençant par la base, puis fermez le corps en collant la patte de fixation latérale.*

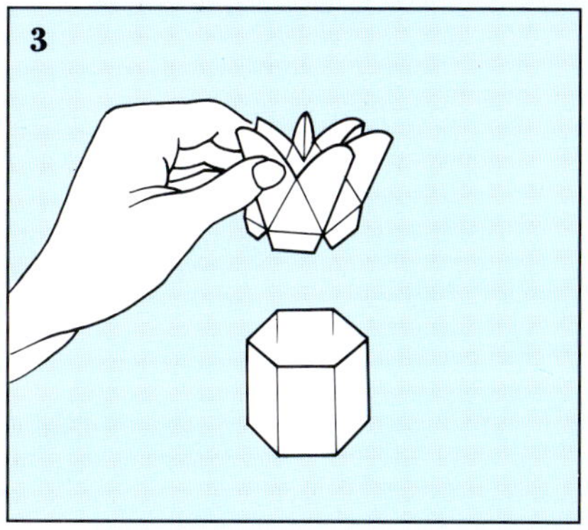

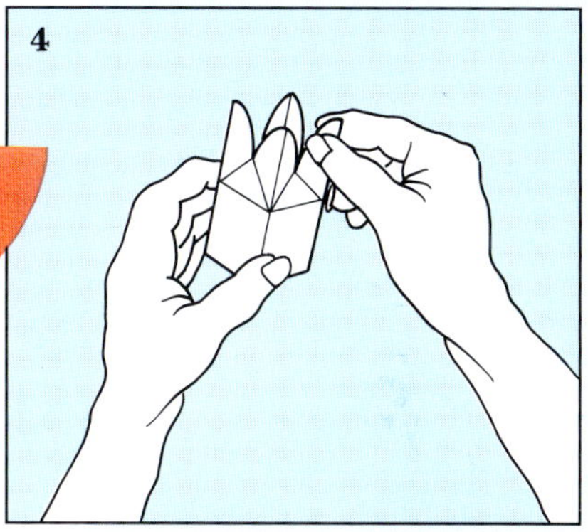

3 Pour fixer le couvercle-nénuphar sur la boîte, collez les pattes de fixation sous le rebord intérieur de la boîte.

4 Pour fermer le couvercle-nénuphar, pressez chaque pétale pour le plier en deux, puis rabattez chacun sur le précédent.

◀ *Ces nénuphars stylisés s'adapteront à bien des situations. Faites-en des couvercles de boîtes-cadeau, ou bien des cartes à l'intérieur desquelles vous écrirez un petit mot.*

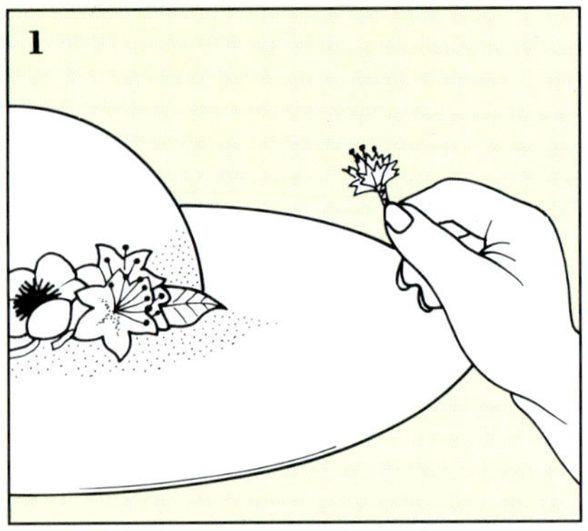

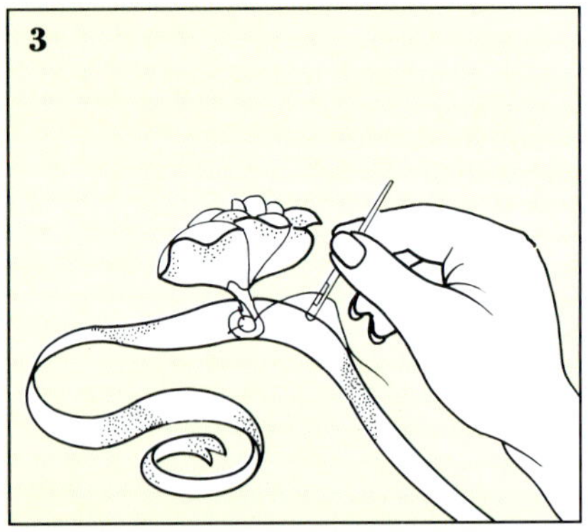

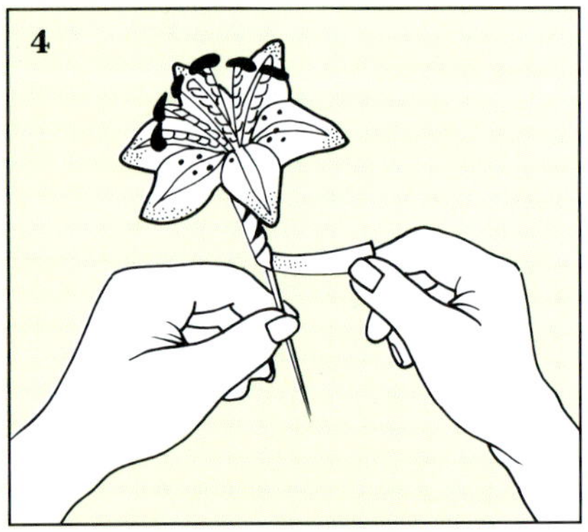

1 *Pour garnir un chapeau de paille, confectionnez 3 coquelicots dans du papier de soie orange en suivant les instructions de la page 17 et en peignant le cœur en vert nacré. Suivez les étapes 2 et 3 de la page 40 pour réaliser des bleuets dans du papier violet, et les étapes 3 et 4 de la page 88 pour fabriquer des azalées. Découpez des feuilles de ficus dans du papier vert pâle d'après le gabarit de la page 104. Pliez-les le long des nervures. Disposez les fleurs et les feuilles sur le rebord du chapeau et collez-les en place.*

2 *D'après les gabarits de la page 92, découpez 2 grands et 2 petits delphiniums dans du papier mauve ; ils serviront à décorer une paire de peignes. Collez le petit sur le grand delphinium en les centrant bien et en disposant les pétales en alternance. Collez au milieu une perle fantaisie. Peignez les nervures des pétales à la peinture brillante. Collez les fleurs sur la partie supérieure des peignes.*

3 *Pour réaliser le tour de cou, accolez deux feuilles de papier fin de fabrication artisanale avec de la colle en bombe. Référez-vous aux étapes 1 à 4 décrites en page 16 et fabriquez une rose épanouie en découpant le cœur et les pétales de petite et moyenne taille dans le papier en double épaisseur. Les grands pétales seront taillés dans une feuille en simple épaisseur. Arrondissez la tige sous la rose en forme de bague. Cousez-la sur un ruban de satin.*

4 *Fabriquez 1 fleur de lis tigré en vous reportant aux instructions de la page 38. Coupez la tige à 5 cm de longueur, collez-la à l'extrémité d'une épingle à chapeau. Liez l'ensemble avec du ruban floral.*

▶ *Thèmes floraux et accessoires font bon ménage. Voici une sélection de petites choses faciles à réaliser, qui siéront en de nombreuses occasions.*

1 *Vous pouvez égayer un sac de plage en raphia de façon très simple, en brodant de grosses fleurs stylisées. Enfilez un ruban de bolduc dans une grosse aiguille. Faites un nœud à l'extrémité. Piquez l'aiguille de l'intérieur du sac vers l'extérieur. Repassez l'aiguille dans le même trou en formant une boucle.*

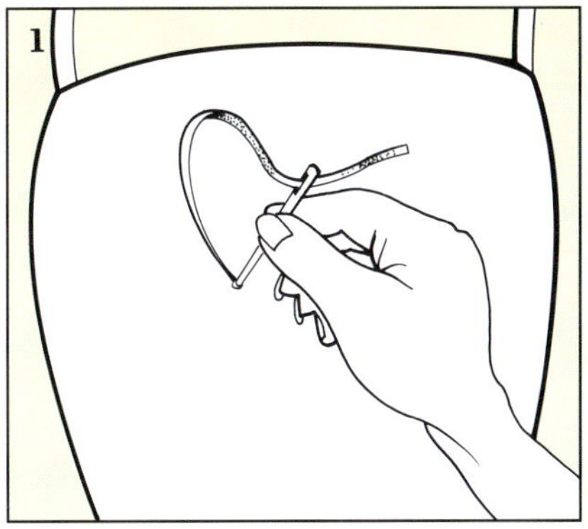

2 *Ressortez l'aiguille au point marquant le centre de la boucle, passez-la au-dessus de la boucle et repiquez-la dans le trou d'où elle est sortie. Vous allez ainsi former un point qui va maintenir la forme du pétale. Procédez de la même manière pour broder 6 pétales à chaque fleur. Finissez en piquant en leur centre un nœud réalisé dans un ruban de couleur contrastante.*

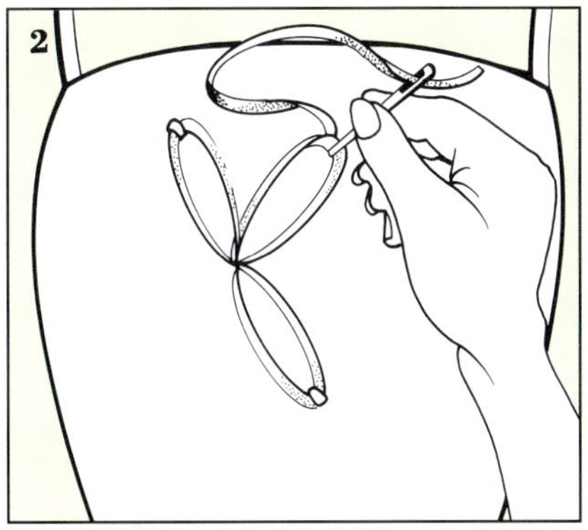

3 *La broche et les boucles d'oreilles sont réalisées dans du carton de montage. D'après les gabarits des pages 93 et 94, découpez 1 bleuet et 2 petites feuilles de chrysanthème à l'aide d'un cutter. Pour les peindre, utilisez des peintures nacrées ; représentez les étamines du bleuet et les nervures des feuilles. Tamponnez légèrement le bleuet de peinture scintillante. Collez sur celui-ci de petits perles fantaisie, puis collez le bleuet sur une épingle de broche.*

4 *Percez un trou à la pointe supérieure et à la base de chaque feuille. Passez-y des attaches de pendentifs avec leurs anneaux de suspension et resserrez-les bien. Dans l'anneau à la base des feuilles, fixez une attache de boucle d'oreille. Dans celui du sommet, fixez une perle en goutte d'eau. Vous trouverez ces pièces de bijouterie fantaisie chez les détaillants d'articles pour travaux manuels.*

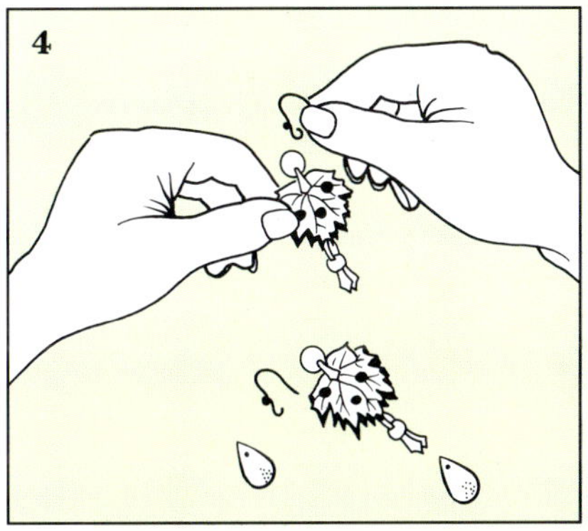

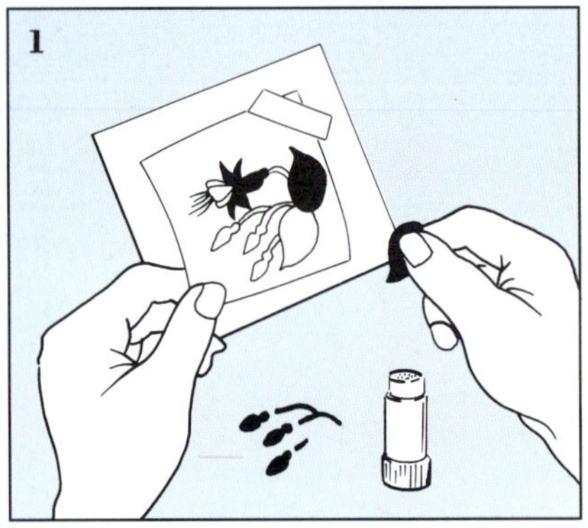

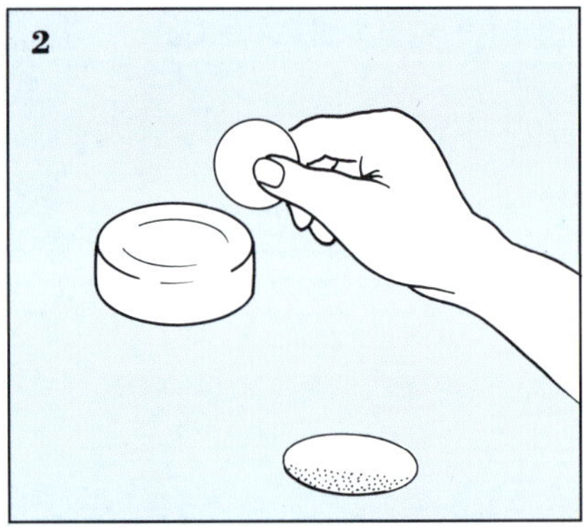

1 *D'après les gabarits figurant en page 107, découpez les pièces pour composer 2 iris ou 1 fuchsia, dans des papiers de différentes couleurs assorties. Reportez le dessin des gabarits sur du papier-calque. Maintenez le calque à l'aide de ruban masking sur le carton garnissant un cadre ou sur un papier coloré découpé aux dimensions du fond du presse-papier que vous aurez choisi. Glissez les pièces découpées sous le papier-calque. Ajustez-les en vous aidant du gabarit et collez-les en place avec de la colle à papier. Retirez le calque.*

2 *Selon le cas, replacez le montage dans le cadre avec une photo ou incorporez-le dans le presse-papier en suivant les instructions du fabricant.*

▶ *Cet abat-jour orné de motifs floraux ajourés sculptera l'espace en un jeu d'ombre et de lumière. Quant à la photo-souvenir dans son cadre, soulignez-la d'élégants iris en papier découpé.*

▼ *Un papier de fond doré fait ressortir ces charmants fuchsias dans leur presse-papier de verre.*

1 *Pour créer le gabarit de l'abat-jour, posez une grande feuille de papier sur une armature métallique d'abat-jour et fixez-la à l'aide de masking à la base et au sommet. Recouvrez ainsi la totalité de l'armature. Superposez les bords du papier à la jointure. En suivant les lignes supérieures et inférieures de l'armature, tracez un trait sur le papier pour y reporter les contours de la structure. Marquez également la position des montants et la ligne de jointure du papier.*

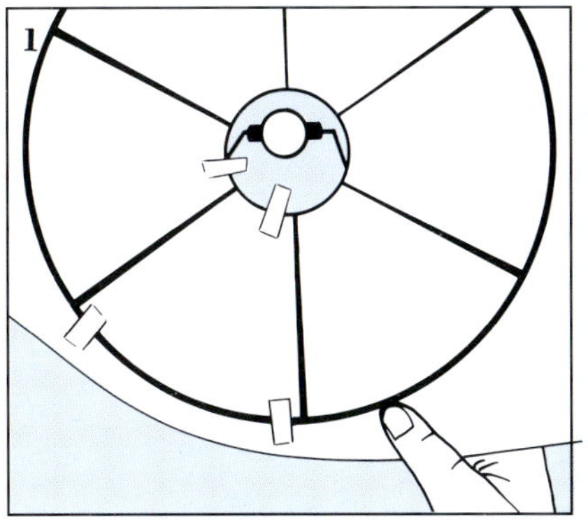

2 *Retirez la feuille et posez-la à plat. Aux contours du gabarit, ajoutez une patte de fixation de 1,5 cm sur l'un des bords de jointure. Dans la largeur, ajoutez 8 mm au niveau du bord inférieur et 5 mm au bord supérieur. Découpez le gabarit et reportez-le sur une feuille de carton coloré de votre choix. Marquez l'emplacement des montants. D'après les gabarits de la page 107, découpez dans des chutes de papier des formes de rhododendrons, de fleurs et de feuilles de géranium. Disposez les pièces sur l'abat-jour, à 2 cm en retrait des bords et en veillant à laisser libre le passage des montants.*

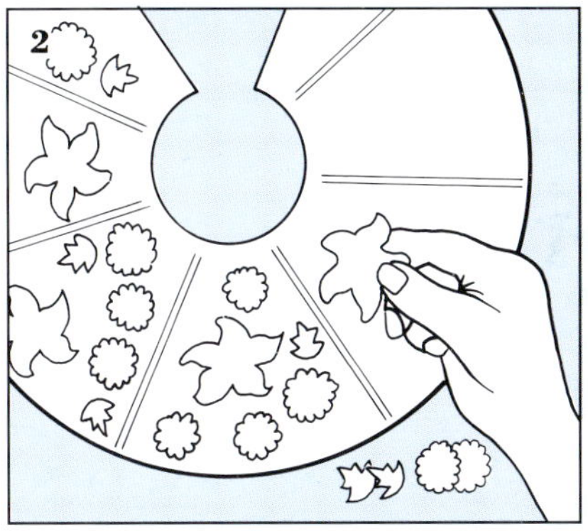

3 *Lorsque la disposition vous satisfait, reportez le dessin des fleurs et des feuilles sur l'abat-jour, en ne reproduisant que les contours marqués de noir sur les gabarits. Ajoutez ici et là quelques géraniums en bouton (voir gabarit page 107). Découpez les motifs au cutter, uniquement sur les lignes noires reproduites. Percez un trou au centre des géraniums avec une épingle.*

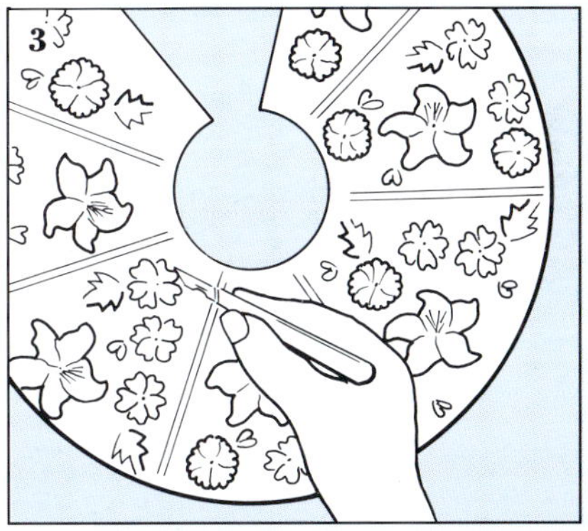

4 *Formez l'abat-jour et collez-le par sa patte de fixation. A 1 cm sous le bord supérieur, percez, à l'aide d'une perforatrice, une rangée de trous espacés de 2,5 cm. Ajustez l'abat-jour sur l'armature. Lacez-le au sommet avec un cordon fermé par un nœud. Encollez les bouts du cordon pour éviter qu'ils ne s'effilochent. Au niveau du bord inférieur, collez l'abat-jour sur l'armature et habillez le tour d'un cordon de finition. Enroulez délicatement les pétales, les feuilles et les bourgeons autour d'un crayon pour les relever afin qu'ils laissent passer la lumière.*

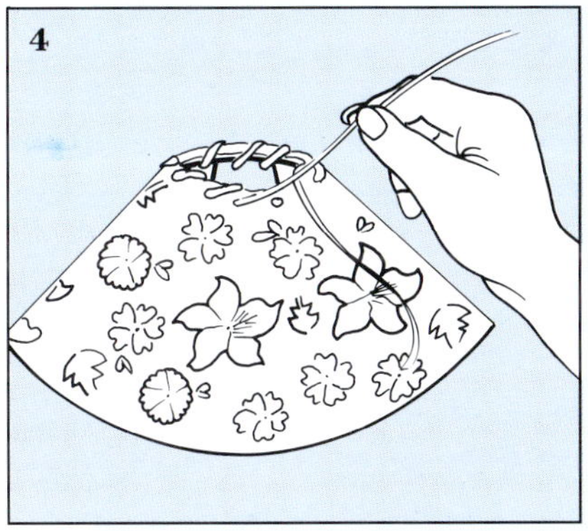

1 Découpez pour chaque éventail un rectangle de 38 x 18 cm dans du papier rigide coloré. Pour l'éventail rose, découpez des sépales de pivoines et des fleurs d'hortensia dans du papier de soie coloré, à l'aide des gabarits des pages 101 et 104. Pour l'éventail jaune, découpez des primevères et des feuilles de violette dans du papier de soie coloré, à l'aide des gabarits des pages 96 et 101. Disposez les pièces sur le rectangle en concentrant le motif dans la partie supérieure.

2 Collez les pièces de papier de soie en place avec de la colle en bombe ou de la colle à papier. Découpez des cercles de papier de soie jaune ; collez-les sur les fleurs en guise de cœur. Vous pouvez, si vous le souhaitez, ajouter quelques cercles de couleur autour de votre motif.

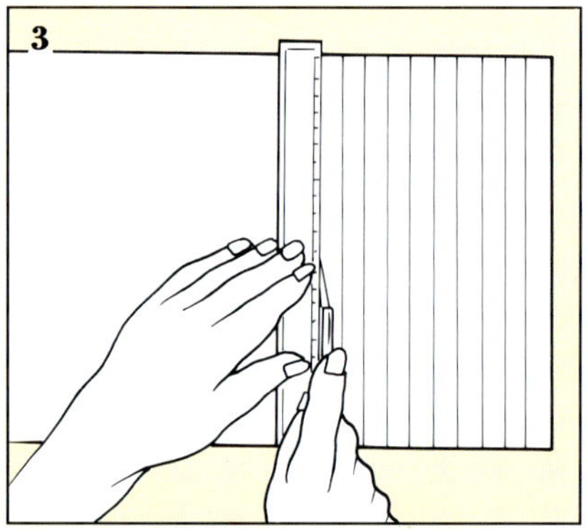

3 Retournez le rectangle de papier rigide. Sur le verso, pratiquez au cutter une succession de rainures légères dans le sens de la largeur, à intervalles de 1 cm. Pliez l'éventail en accordéon le long des lignes rainées, puis redépliez-le.

▶ Accrochez sur un mur ces jolis éventails d'inspiration japonaise, ou faites-en des cartes de vœux originales en inscrivant un message au verso avant de les plier.

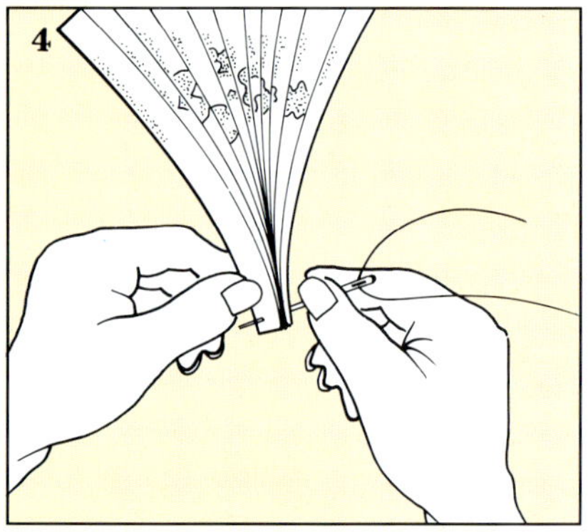

4 Passez un fil dans une aiguille. Repliez l'éventail en lui donnant sa forme et, à sa base, piquez à travers les plis de papier et faites un point fermement serré. Nouez un cordon à glands autour de la base de l'éventail, en formant deux boucles. Collez le cordon au dos de l'éventail pour le maintenir en place.

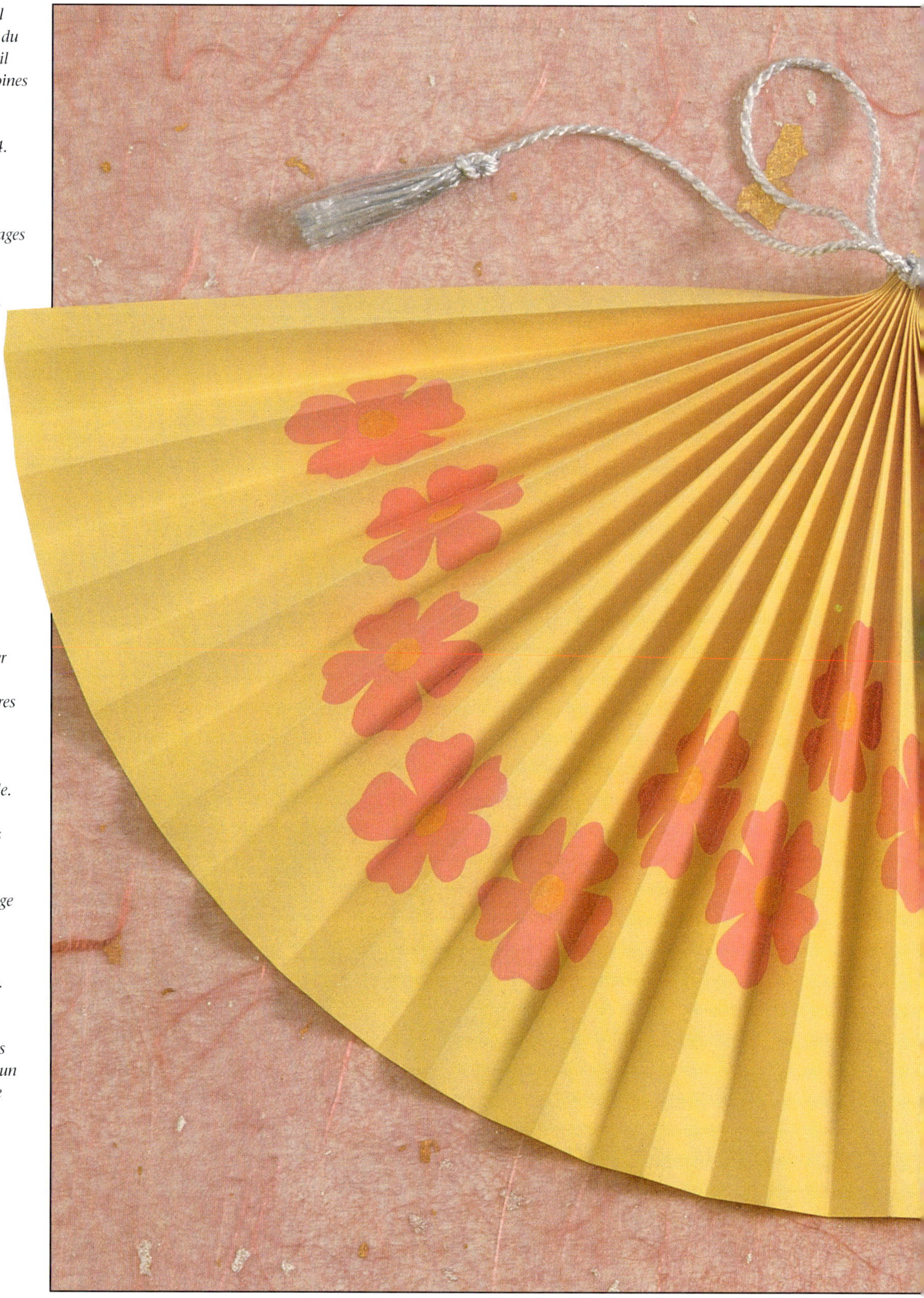

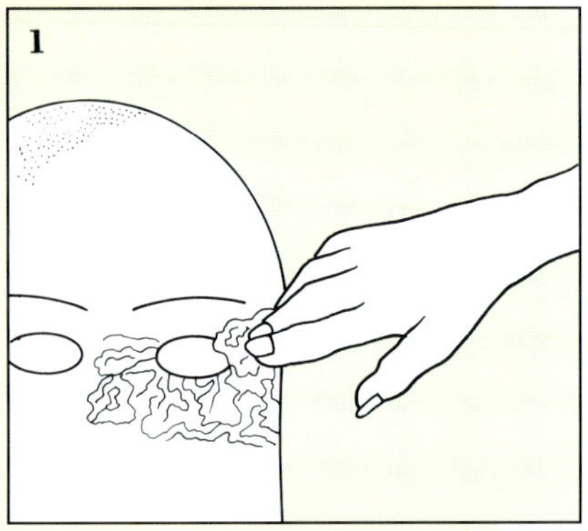

1 *Dans du papier texturé souple, déchirez des morceaux carrés de 5 cm de côté environ. Étalez de la colle à reliure sur un masque en plastique blanc (disponible chez les détaillants d'articles de déguisement). Appliquez les carrés de papier et pressez bien pour leur faire épouser les courbes du masque. Procédez par sections successives pour recouvrir la totalité du masque. Taillez le papier en surplus sur les bords externes ; repliez-le autour des yeux en le passant à l'intérieur.*

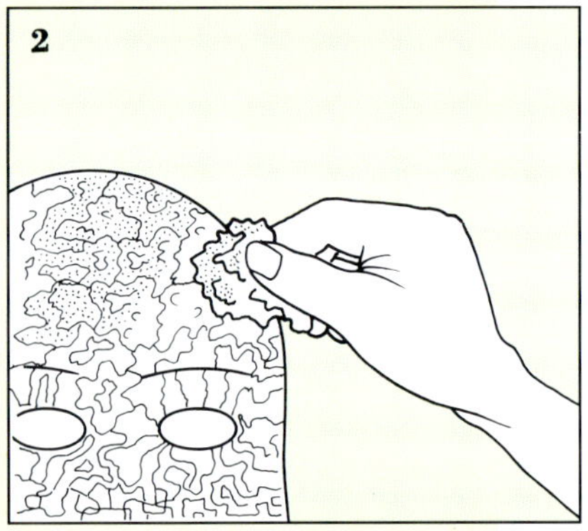

2 *Posez une fine couche de peinture sur une assiette (vert pâle pour le masque de printemps, pêche pour le masque d'automne). Prélevez de la peinture avec une petite éponge naturelle humide et tamponnez-la légèrement sur le masque pour souligner la bouche, les yeux, les joues et le front. Découpez des feuilles de lierre, de pivoine et des feuilles d'automne à l'aide des gabarits des pages 95, 97 et 107. Peignez les feuilles à l'aquarelle en représentant les nervures. Pliez le long de celles-ci après séchage, puis enduisez les feuilles de vernis brillant. Collez les feuilles sur le masque.*

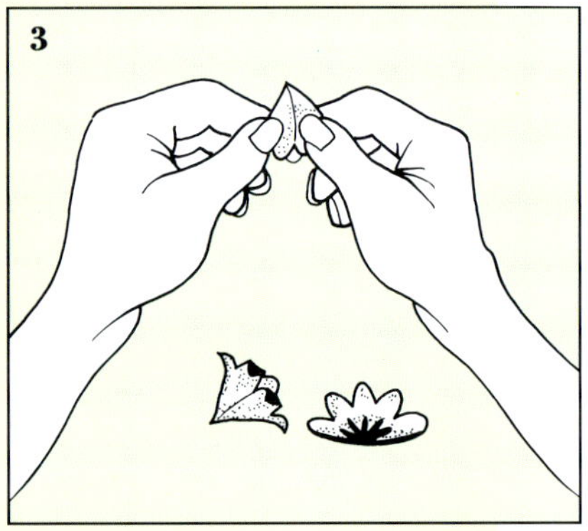

3 *Pour confectionner les azalées du masque de printemps, découpez 3 fleurs dans du papier rose léger à l'aide du gabarit de la page 107. Peignez les veines en jaune. Laissez sécher, puis passez les pointes des pétales sur une lame de ciseaux pour les recourber vers l'extérieur. Formez les fleurs en clochette en superposant les bords inférieurs des pièces découpées. Collez-les ainsi.*

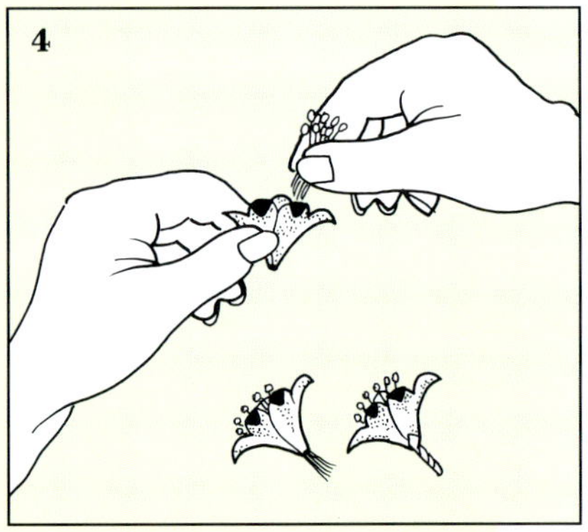

4 *Pratiquez un trou à la base des fleurs. Introduisez dans celui-ci 7 têtes de fils à étamines, en les disposant de sorte que les têtes ressortent à bonne distance de la corolle. Déposez de la colle à la base pour les maintenir en place. Réunissez les fils sous les corolles et habillez-les, ainsi que la base des fleurs, de ruban floral, de façon à constituer une tige unique. Assemblez les trois fleurs en bouquet. Confectionnez ainsi 3 bouquets d'azalées.*

5 *Reportez-vous aux instructions des pages 18 à 21 pour confectionner 2 grandes marguerites et 4 grappes de freesia. Suivant l'étape 4 de la page 50, fabriquez 8 primevères. Disposez les fleurs sur le masque en les faisant tenir avec du masking. Collez-les dans la position définie. Collez des feuilles en les répartissant parmi les fleurs, parachevant ainsi le masque de printemps.*

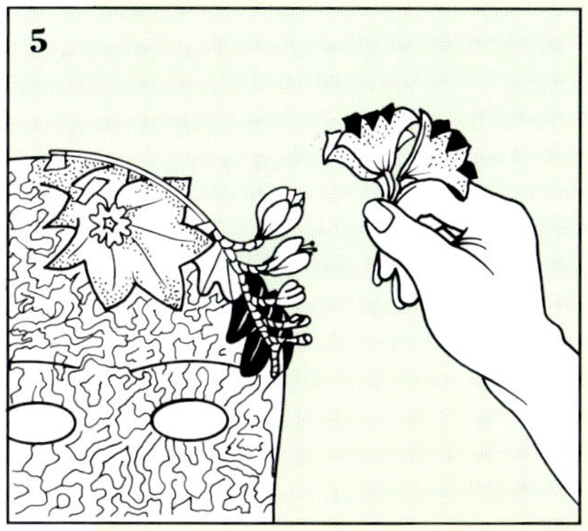

6 *Pour confectionner une lanterne vénitienne, découpez 5 pétales dans du papier de soie orange en vous référant au gabarit de la page 107. Humidifiez les pétales avec un pinceau et laissez sécher. Recouvrez de ruban floral beige une tige de fil à bonsaï de 7 cm de long. Collez les pétales par leur base au sommet de la tige, en les laissant retomber dans un premier temps.*

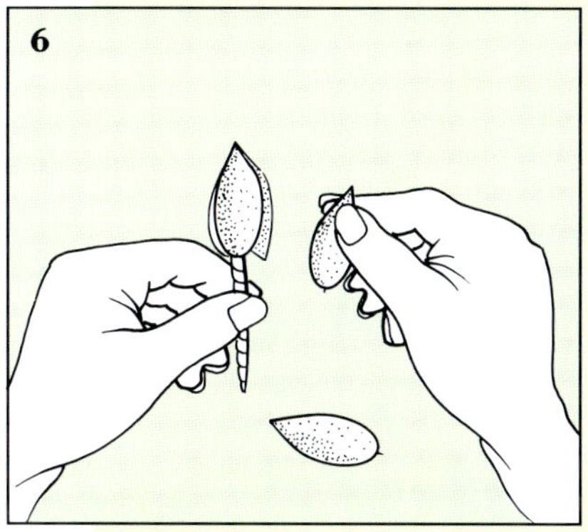

7 *Relevez alors très délicatement un par un chaque pétale et encollez-le en appliquant soigneusement un trait de colle sur ses bords et en le pressant contre le bord du pétale adjacent. Confectionnez ainsi 3 lanternes vénitiennes.*

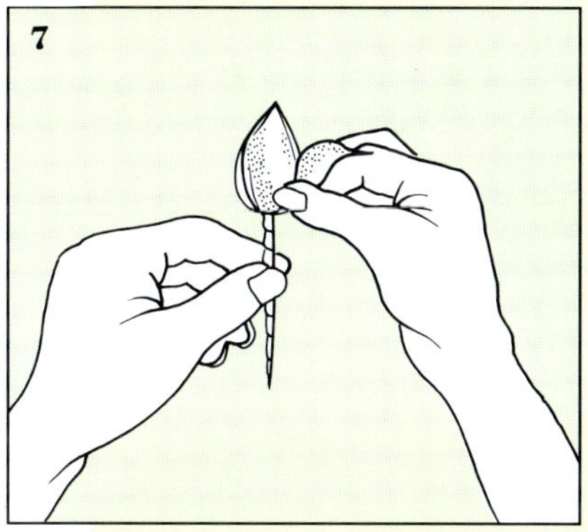

◀ *Fêtez la saison nouvelle avec des masques de théâtre. Ils décoreront votre intérieur ou vous pareront lors d'un bal masqué. Ceux-ci évoquent le printemps et l'automne ; il suffira de modifier leur décoration florale pour en faire des masques d'été ou d'hiver.*

8 *Fabriquez 3 branches d'eucalyptus en suivant les instructions figurant page 19, de préférence avec du papier dans des tons d'ocre. Collez les lanternes vénitiennes et l'eucalyptus sur le masque d'automne, avec quelques cônes de pin et diverses feuilles d'automne.*

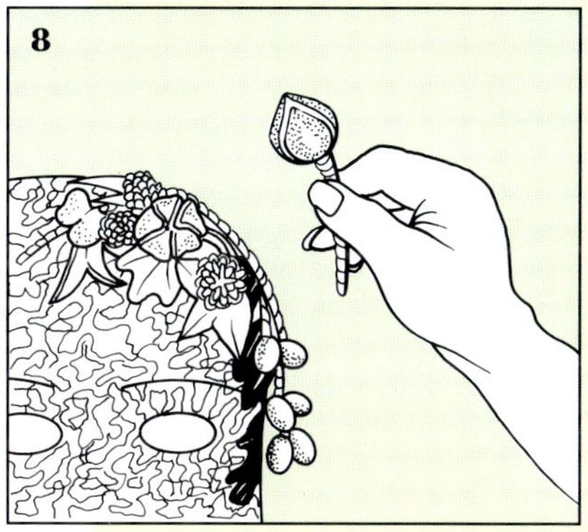

Les gabarits

Dans les pages suivantes, vous trouverez les gabarits nécessaires aux réalisations proposées dans cet ouvrage. La boîte aux motifs ajourés de la page 103 figure ici en réduction. Pour obtenir un gabarit à la bonne taille, dessinez une grille de carrés de 1,4 cm de côté. Recopiez le gabarit en le dessinant carré par carré dans sa nouvelle grille. Plus simplement, si vous disposez d'un photocopieur, agrandissez la page 103 à 141 % (du format A4 au format A3).

Pour des raisons d'encombrement, certains gabarits dont les formes présentent une structure symétrique ne sont représentés ici qu'à moitié. Dans ce cas, la ligne de symétrie est signalée. Il suffira de reproduire l'autre moitié à l'aide d'un calque que vous ferez pivoter autour de cette ligne pour obtenir les gabarits complets.

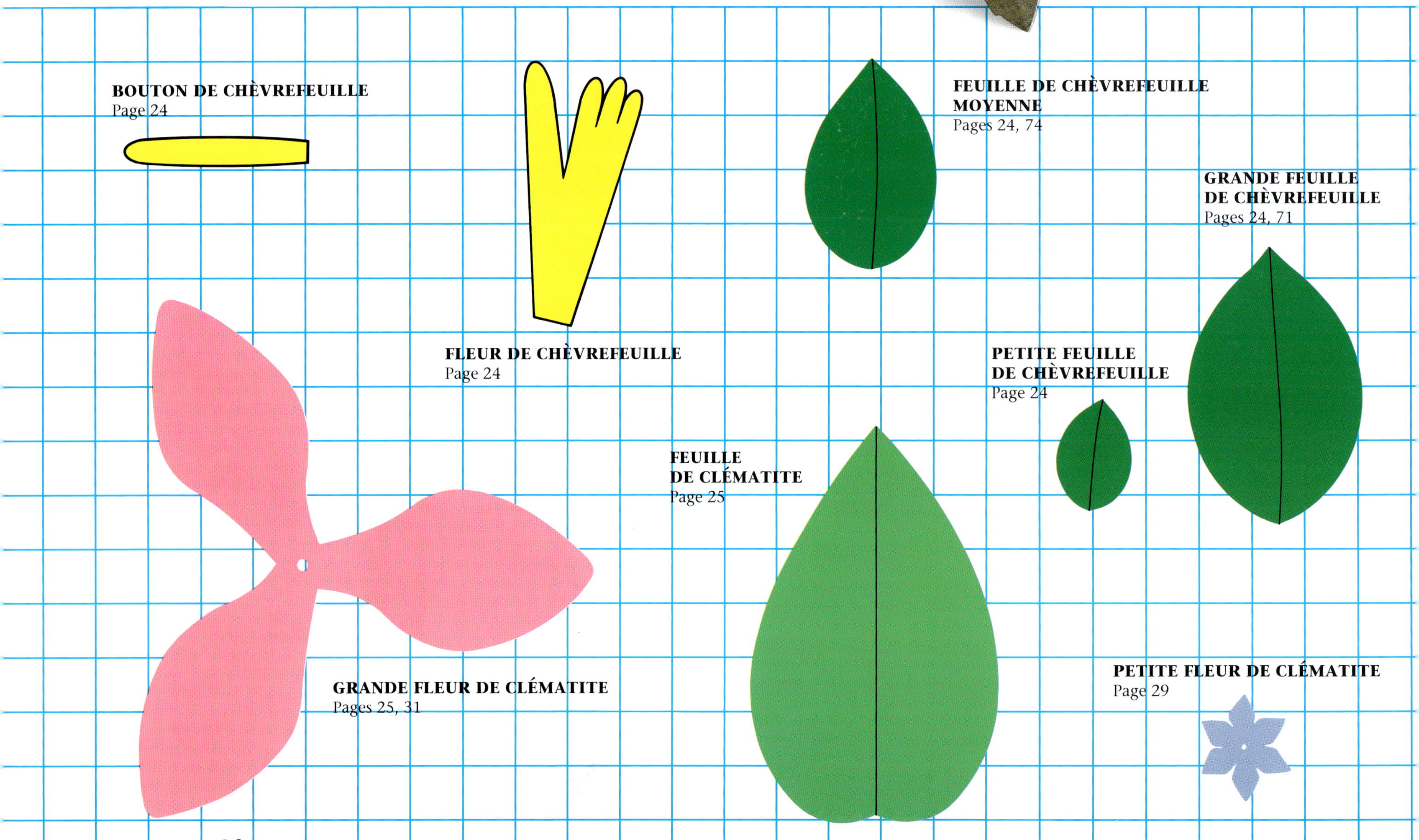

PANIER
Pages 27, 29

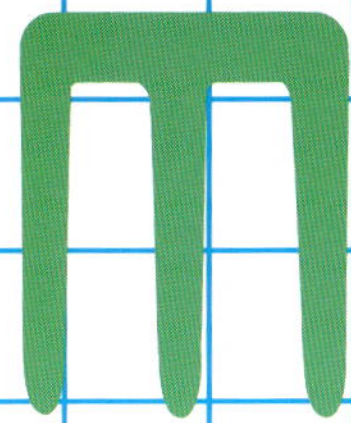

FOURCHE
Page 27

TRUELLE
Page 27

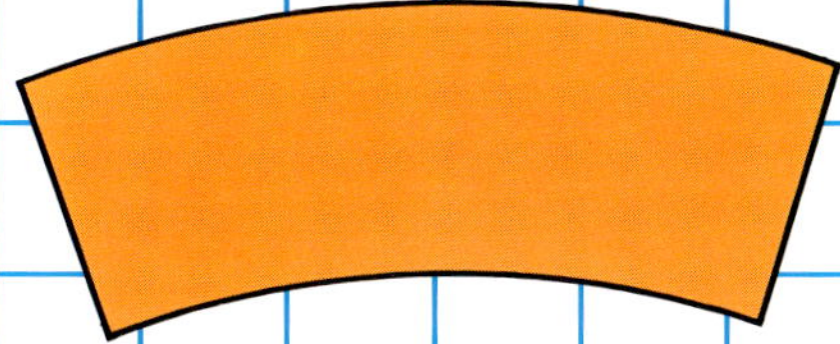

PETIT POT DE FLEURS
Page 27

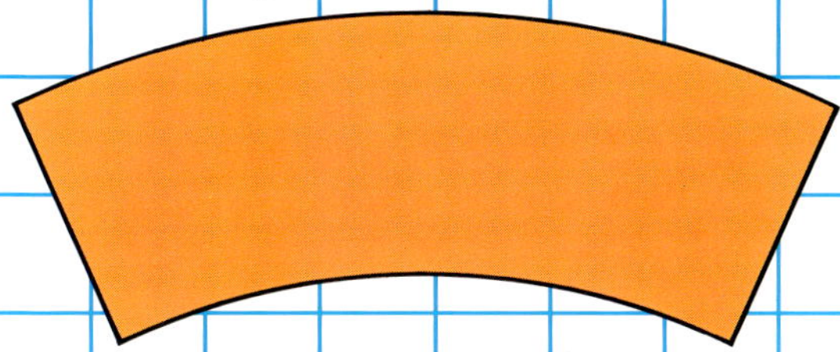

POT DE FLEURS MOYEN
Page 27

PIED DU PLAN DE TRAVAIL
Page 26

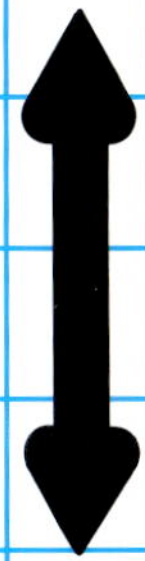

POIGNÉE DE PORTE
Page 27

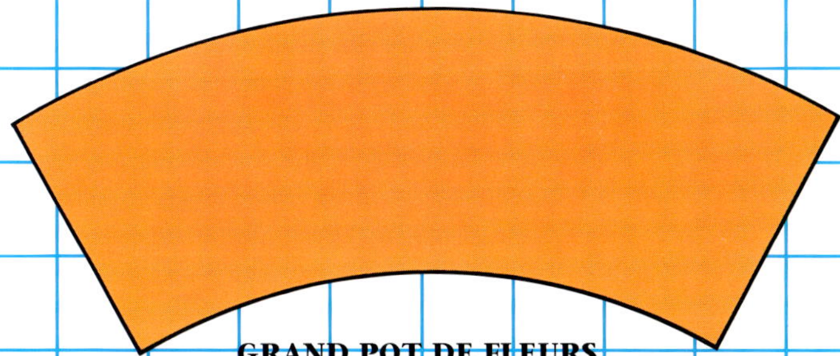

GRAND POT DE FLEURS
Page 27

REBORD DE FENÊTRE
Page 26

MONTANT CENTRAL DE FENÊTRE
Page 26

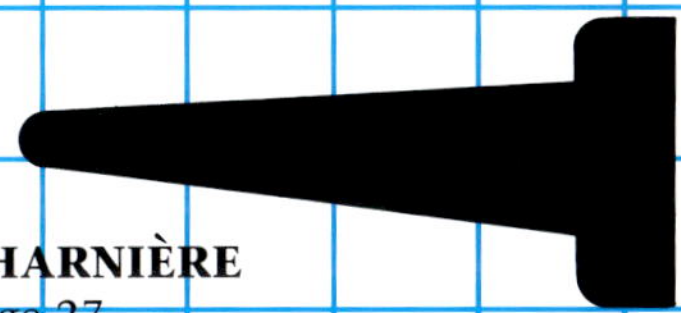

CHARNIÈRE
Page 27

CADRE DE FENÊTRE
Page 26

CADRE DE FENÊTRE
Page 26

CADRE DE FENÊTRE
Page 26

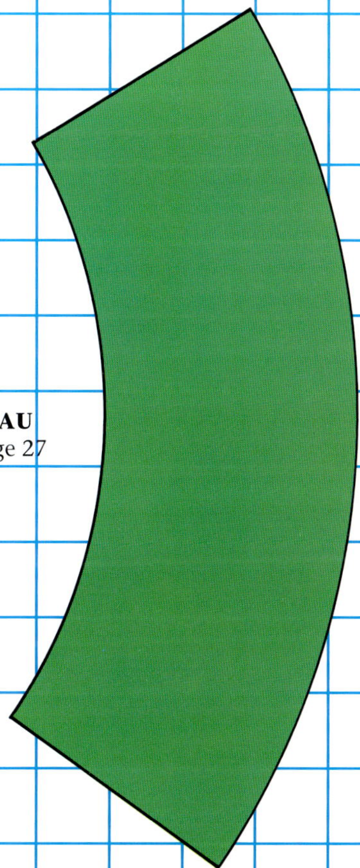

SEAU
Page 27

CADRE DE PORTE
Page 26

CADRE DE PORTE
Page 26

CADRE DE PORTE
Page 26

GRANDE FEUILLE DE CHRYSANTHÈME
Page 30

FEUILLE DE CHRYSANTHÈME MOYENNE
Page 30

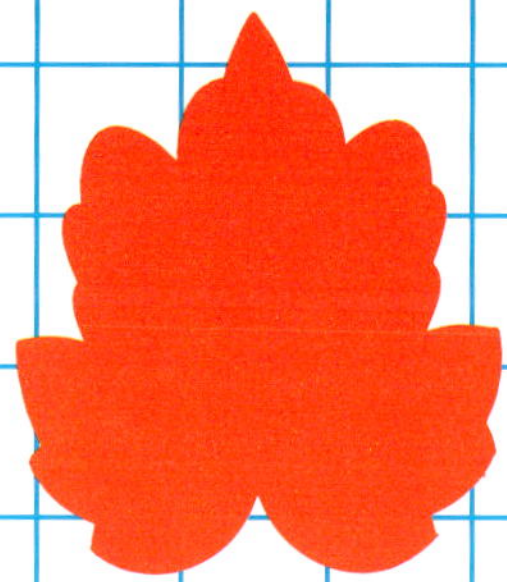

PETITE FEUILLE DE CHRYSANTHÈME
Page 30

GRAND DELPHINIUM
Pages 34, 83

PETIT DELPHINIUM
Pages 34, 83

FEUILLE DE ROSE
Pages 35, 68

SÉPALES DE ROSE
Pages 35, 70, 75

PÉTALE D'ANÉMONE
Page 37

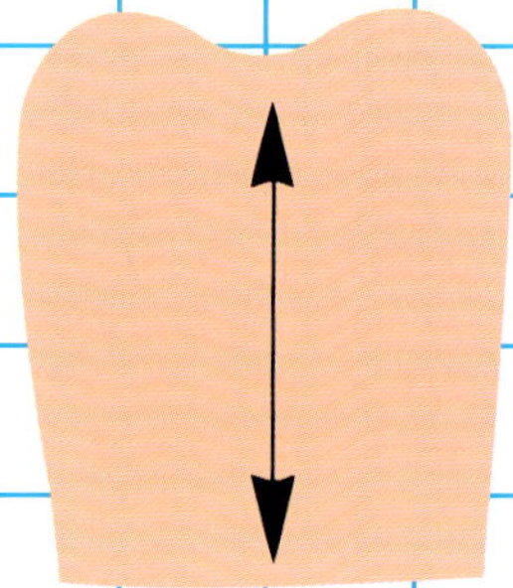

CŒUR DE ROSE
Pages 35, 68, 69, 70, 71, 75, 82

CŒUR DE DELPHINIUM
Page 34

FEUILLE DE DELPHINIUM
Page 34

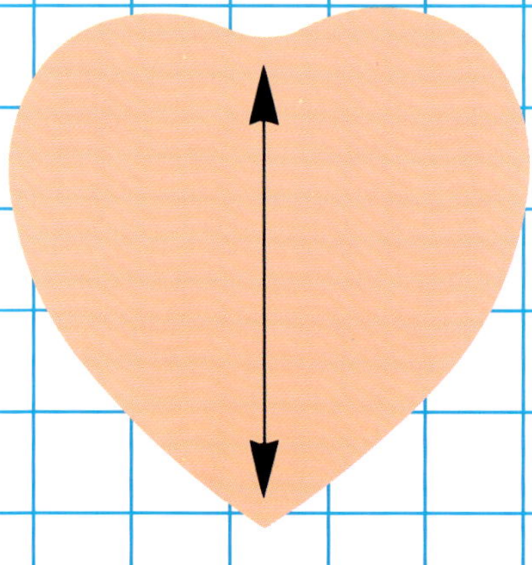

GRAND PÉTALE DE ROSE
Pages 35, 68, 69, 70, 71, 75, 82

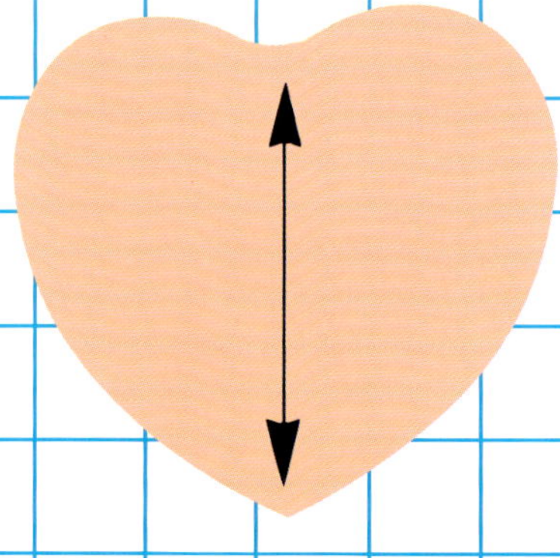

PÉTALE DE ROSE MOYEN
Pages 35, 68, 69, 70, 71, 82

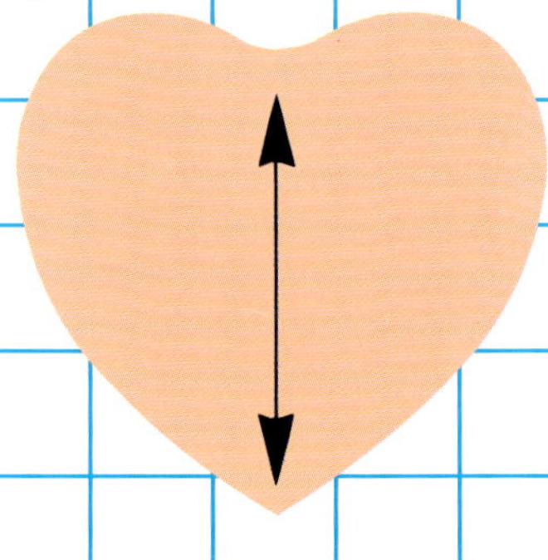

PETIT PÉTALE DE ROSE
Pages 35, 68, 69, 70, 71, 74, 75, 82

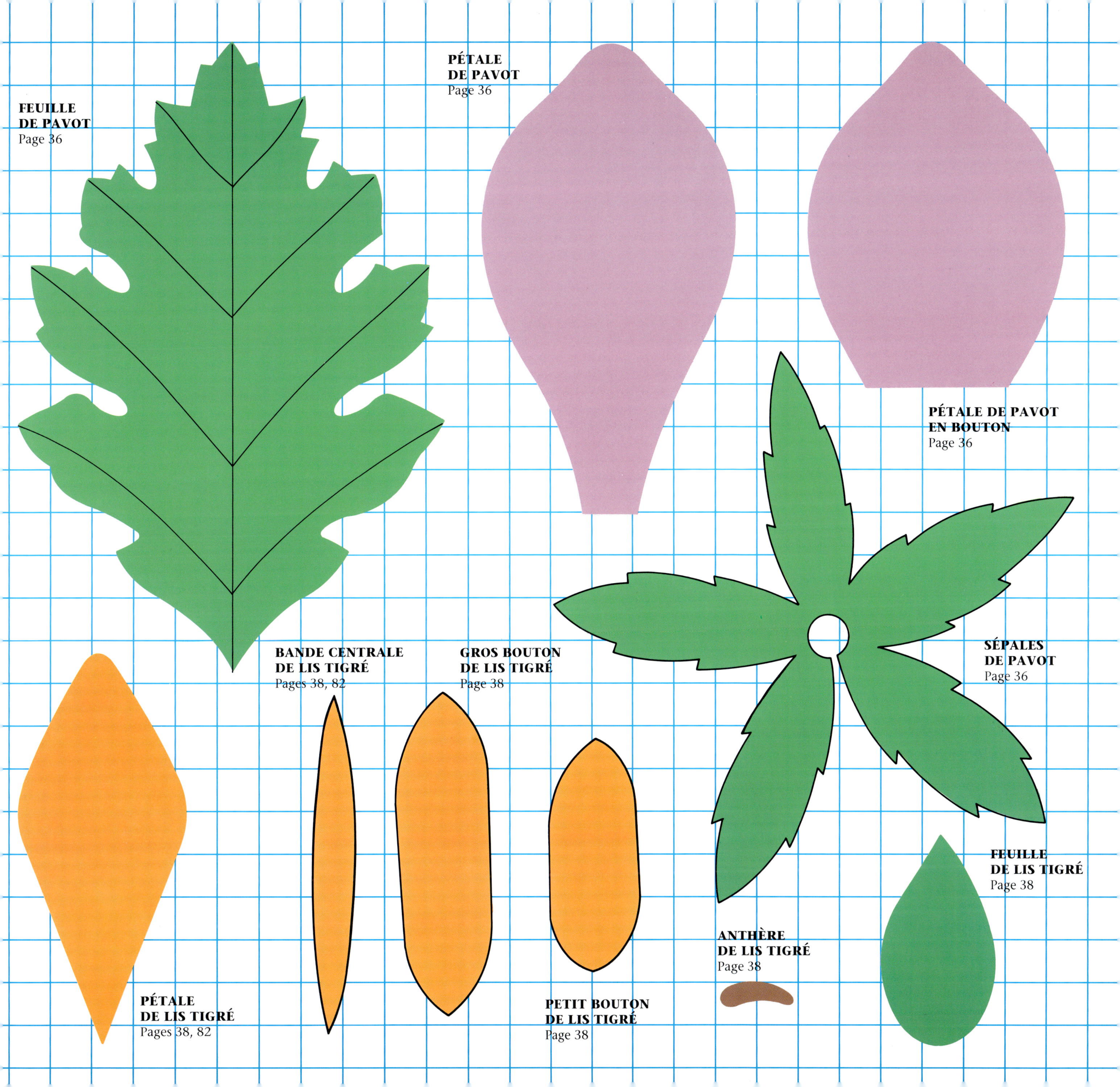
FEUILLE
DE PAVOT
Page 36
PÉTALE
DE PAVOT
Page 36
PÉTALE DE PAVOT
EN BOUTON
Page 36
SÉPALES
DE PAVOT
Page 36
BANDE CENTRALE
DE LIS TIGRÉ
Pages 38, 82
GROS BOUTON
DE LIS TIGRÉ
Page 38
FEUILLE
DE LIS TIGRÉ
Page 38
ANTHÈRE
DE LIS TIGRÉ
Page 38
PÉTALE
DE LIS TIGRÉ
Pages 38, 82
PETIT BOUTON
DE LIS TIGRÉ
Page 38

CALICE DE TOURNESOL
Page 39

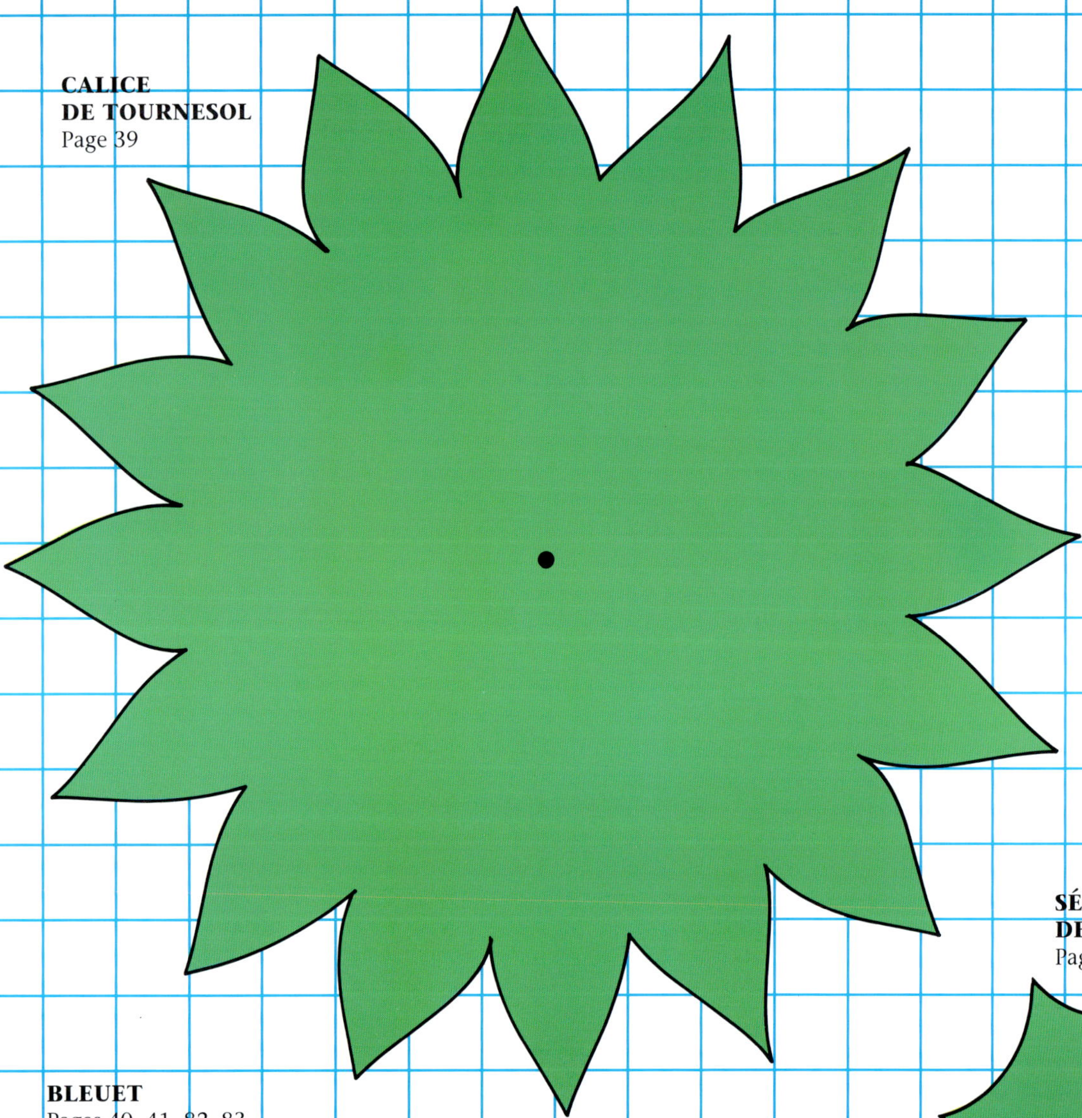

FEUILLE DE TOURNESOL
Page 39

SÉPALES DE LAVATÈRE
Page 42

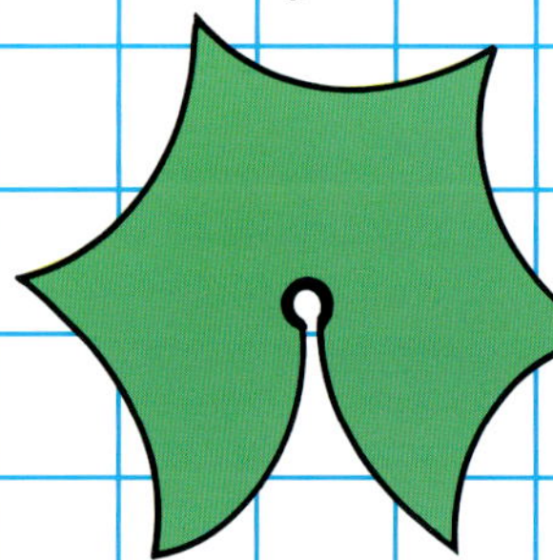

BLEUET
Pages 40, 41, 82, 83

PÉTALE DE COQUELICOT
Pages 40, 83

LAVATÈRE
Page 42

CAMPANULE
Pages 40, 41

SÉPALES DE SCABIEUSE
Pages 35, 42

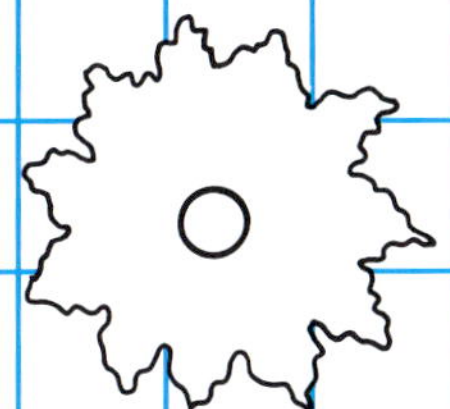

CŒUR DE SCABIEUSE
Pages 35, 42

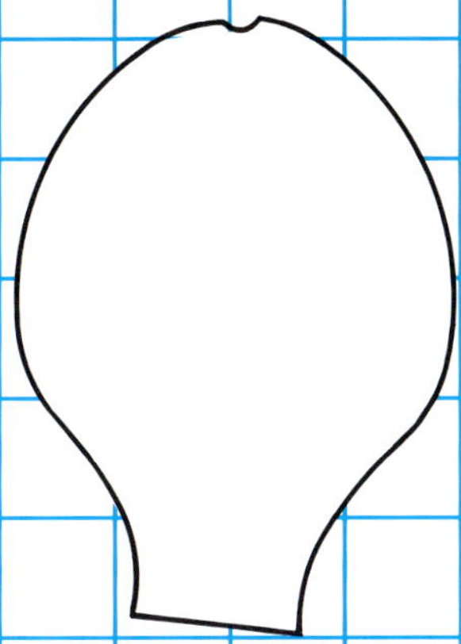

PÉTALE DE ROSE DE NOËL
Page 43

GRANDE FEUILLE D'EUCALYPTUS
Pages 43, 75, 89

PETITE FEUILLE D'EUCALYPTUS
Pages 43, 75, 89

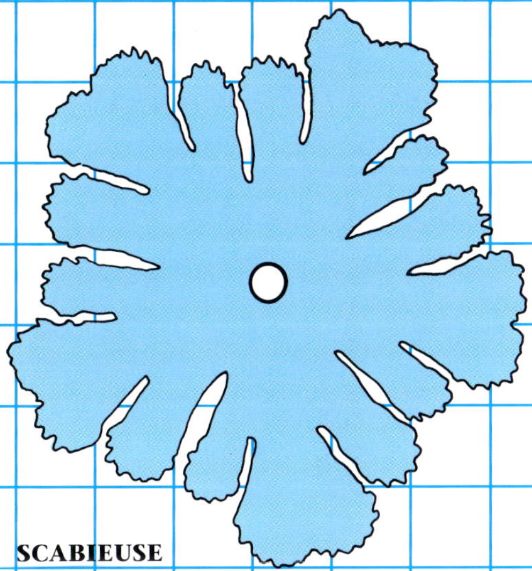

SCABIEUSE
Pages 35, 42

GRANDE MARGUERITE
Pages 41, 42, 89

SOUCI
Page 42

FEUILLE DE PIVOINE
Pages 43, 71, 88

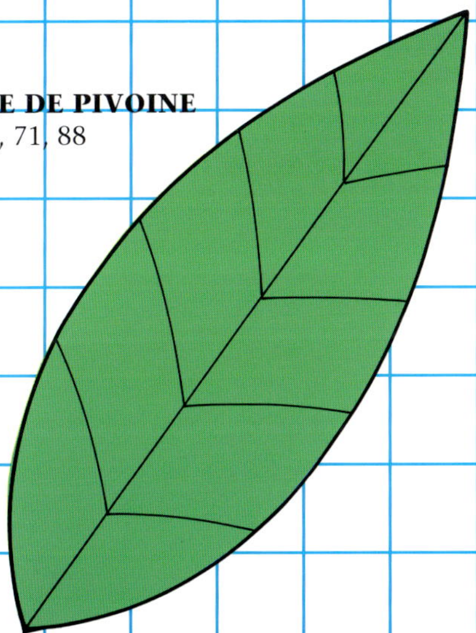

FEUILLES DE CYCLAMEN
Page 46

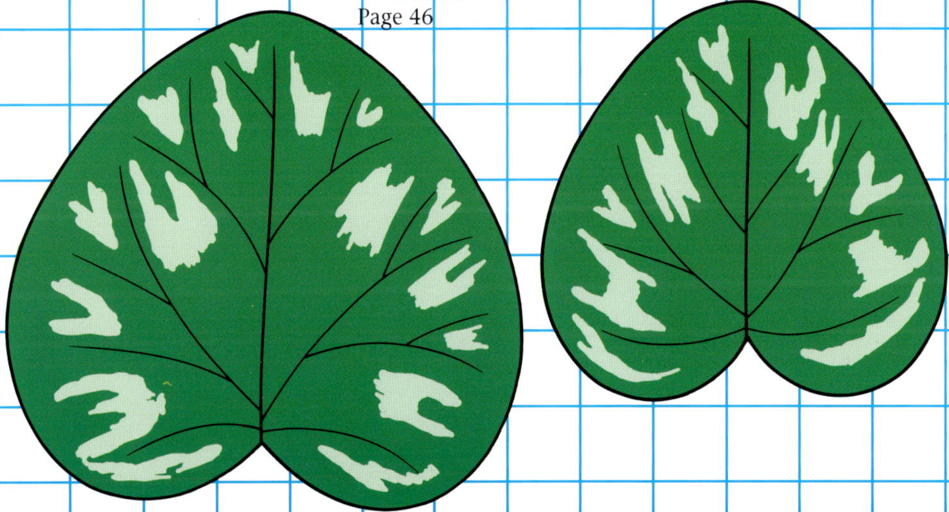

SÉPALES DE CYCLAMEN
Page 46

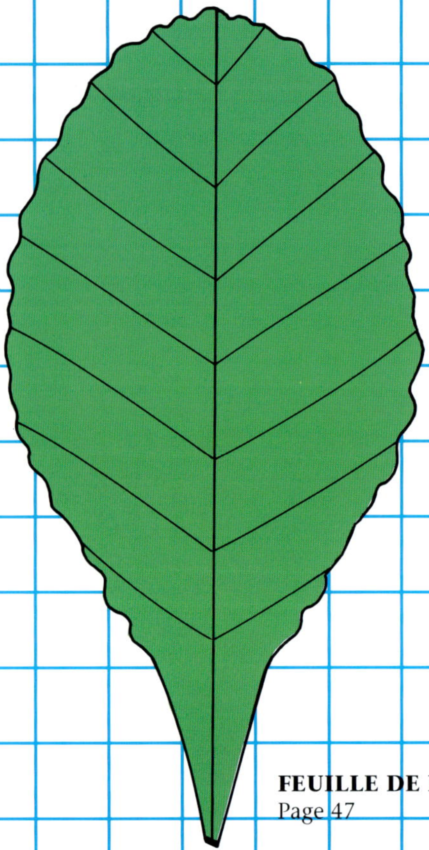

CHOU ORNEMENTAL
FEUILLE E
Page 48

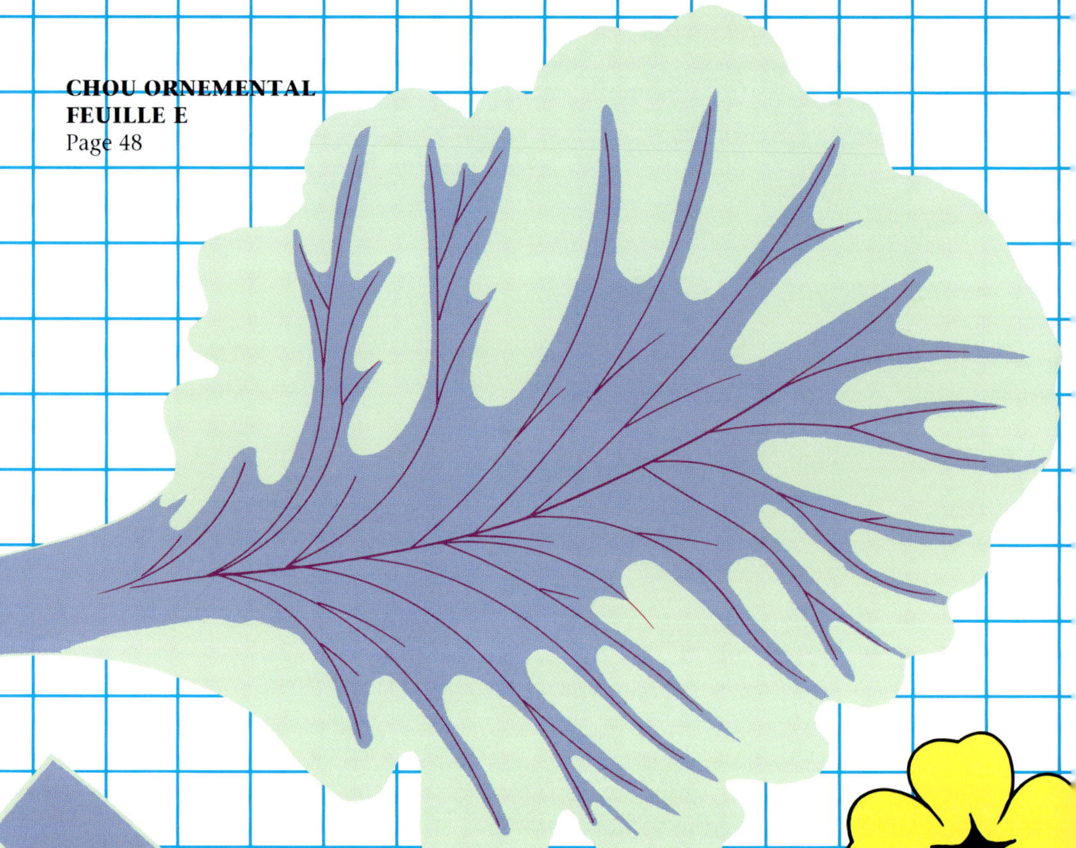

PÉTALE DE PRIMEVÈRE
Page 47

FEUILLE DE PRIMEVÈRE
Page 47

PRIMEVÈRE
Pages 50, 86, 89

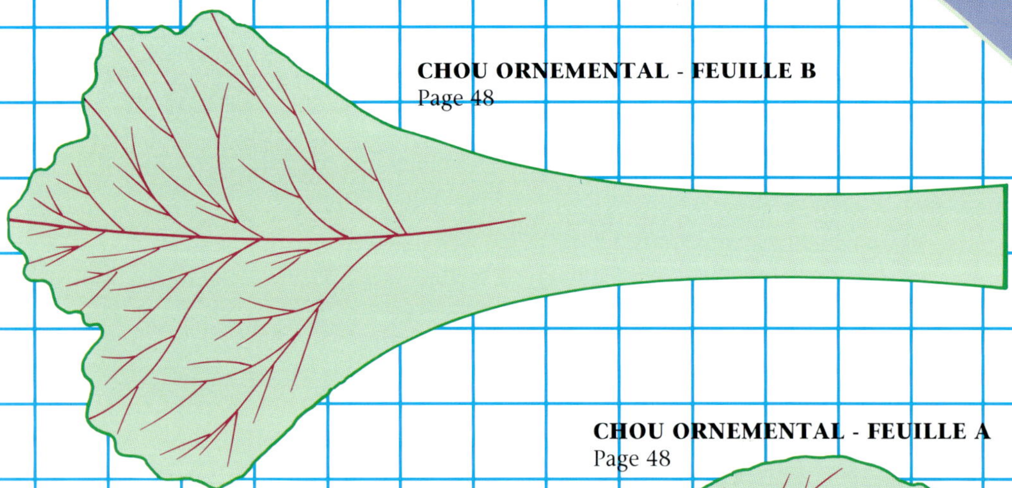

CHOU ORNEMENTAL - FEUILLE B
Page 48

CHOU ORNEMENTAL - FEUILLE A
Page 48

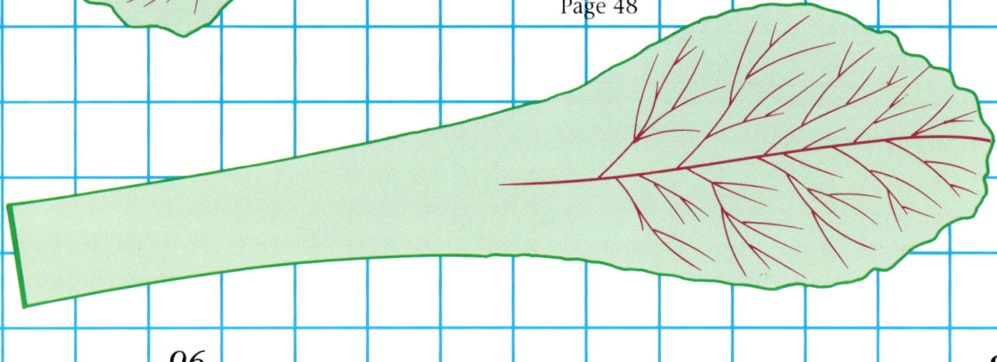

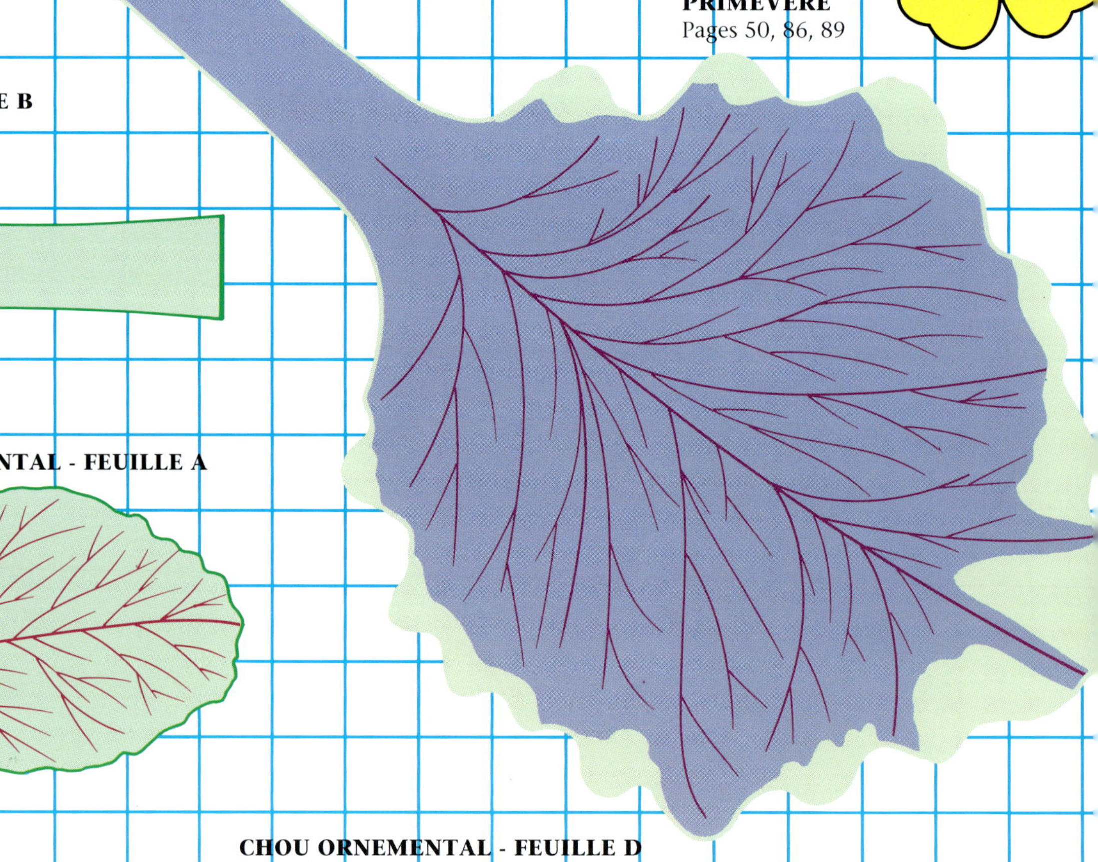

CHOU ORNEMENTAL - FEUILLE D
Page 48

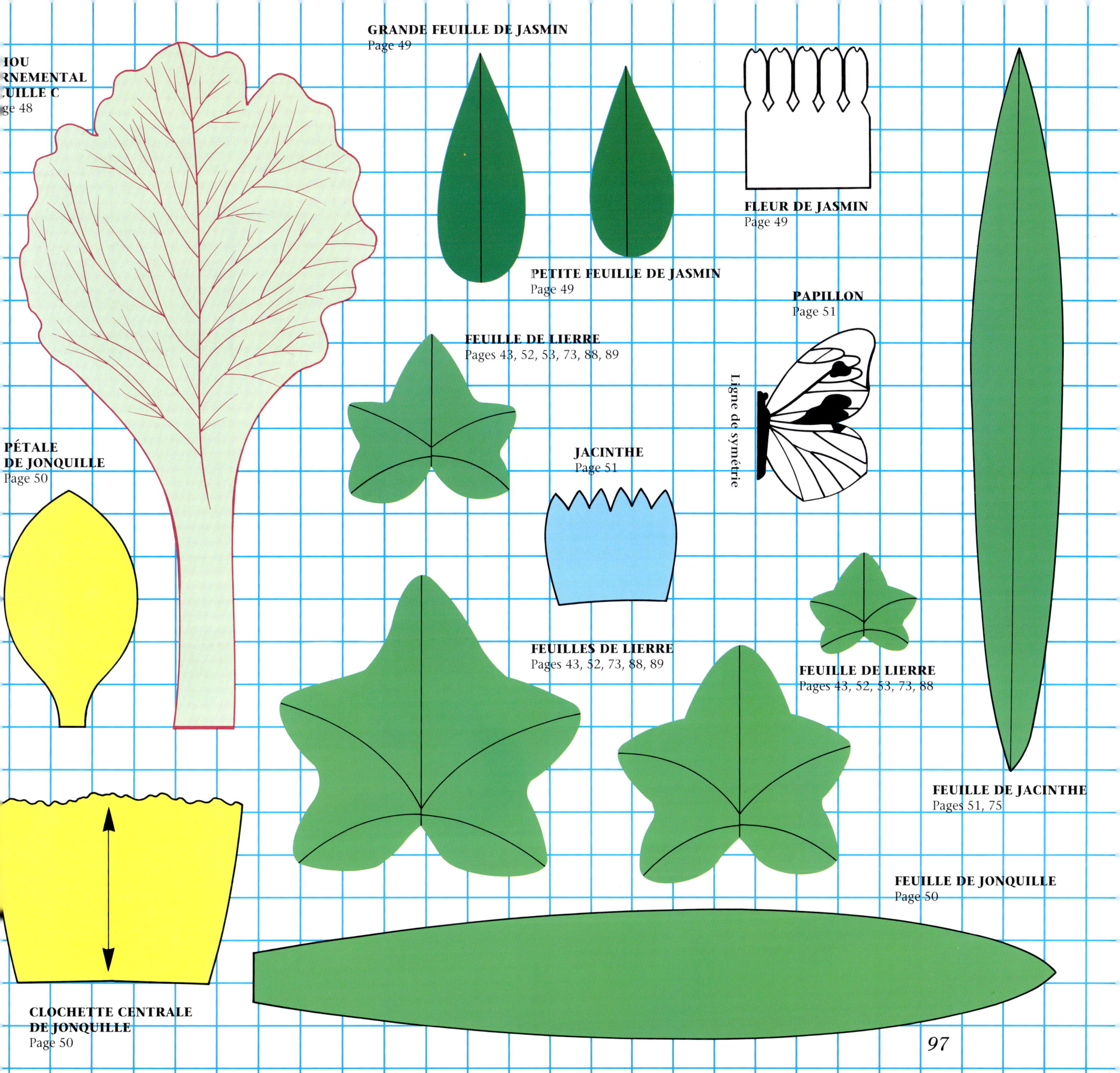
IOU
RNEMENTAL
UILLE C
ge 48
GRANDE FEUILLE DE JASMIN
Page 49
FLEUR DE JASMIN
Page 49
PETITE FEUILLE DE JASMIN
Page 49
PAPILLON
Page 51
Ligne de symétrie
FEUILLE DE LIERRE
Pages 43, 52, 53, 73, 88, 89
PÉTALE
DE JONQUILLE
Page 50
JACINTHE
Page 51
FEUILLES DE LIERRE
Pages 43, 52, 73, 88, 89
FEUILLE DE LIERRE
Pages 43, 52, 53, 73, 88
FEUILLE DE JACINTHE
Pages 51, 75
FEUILLE DE JONQUILLE
Page 50
CLOCHETTE CENTRALE
DE JONQUILLE
Page 50

FEUILLE DE HOUX
Page 53

CAGETTE
Pages 27, 56

ROUE
Page 56

DEMI-CONTREFORT DE CAGETTE
Pages 27, 56

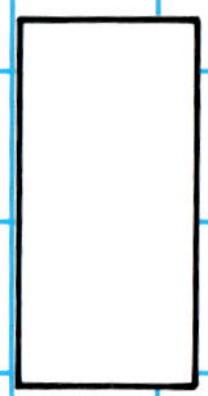

PLATEAU DE CHARRETTE A BRAS
Page 56

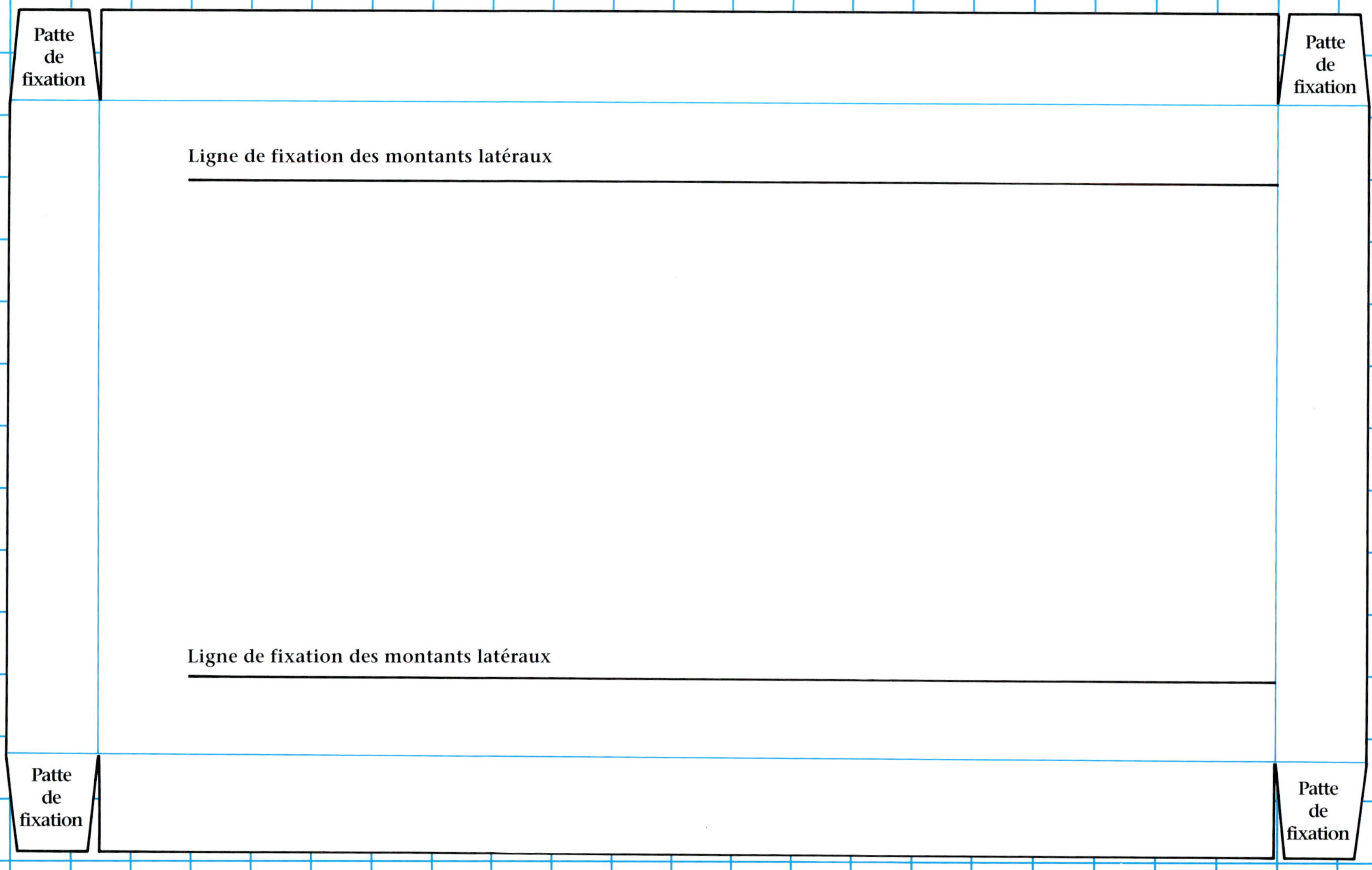

SÉPALES DE FRAISES
Page 53

FEUILLE DE VIGNE
Page 61

MONTANT LATÉRAL DE CHARRETTE A BRAS
Page 56

SÉPALES DE MÛRE
Page 59

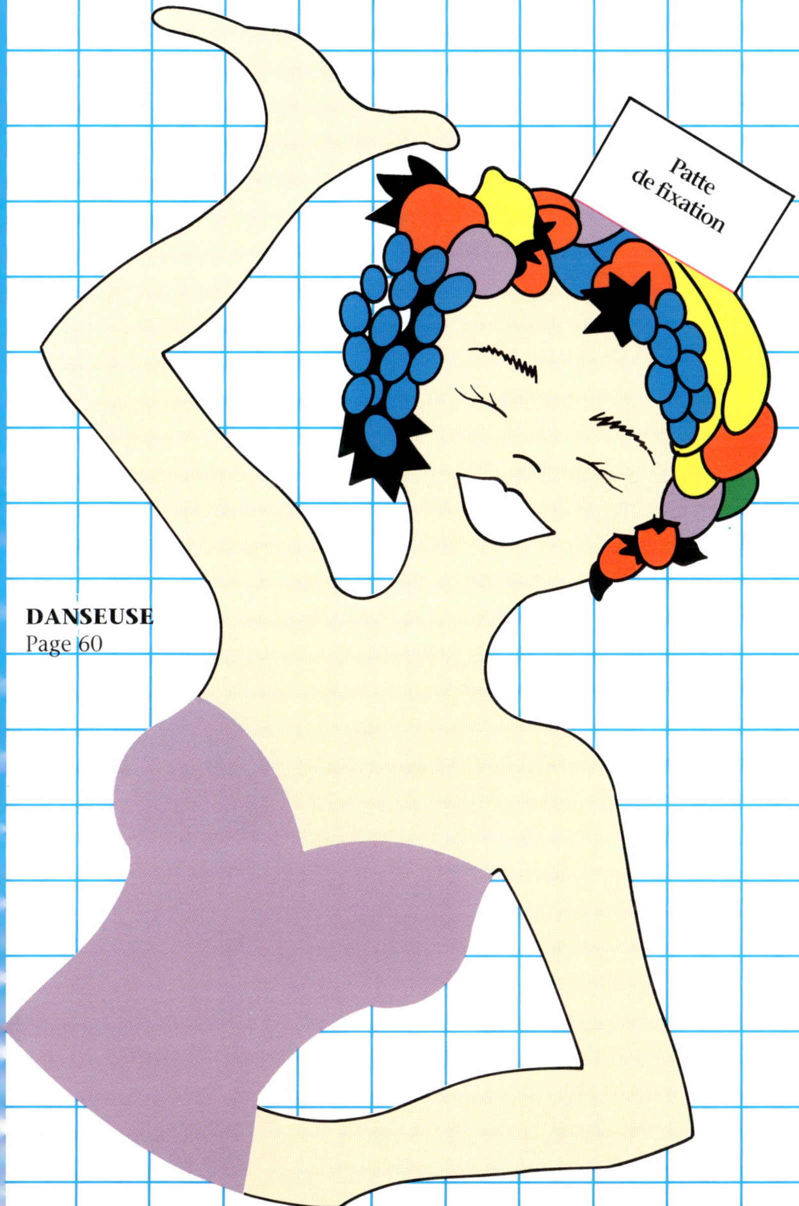

DANSEUSE
Page 60

FEUILLE DE MÛRE
Page 59

GRANDE FEUILLE DE CASSIS
Page 58

PETITE FEUILLE DE CASSIS
Page 58

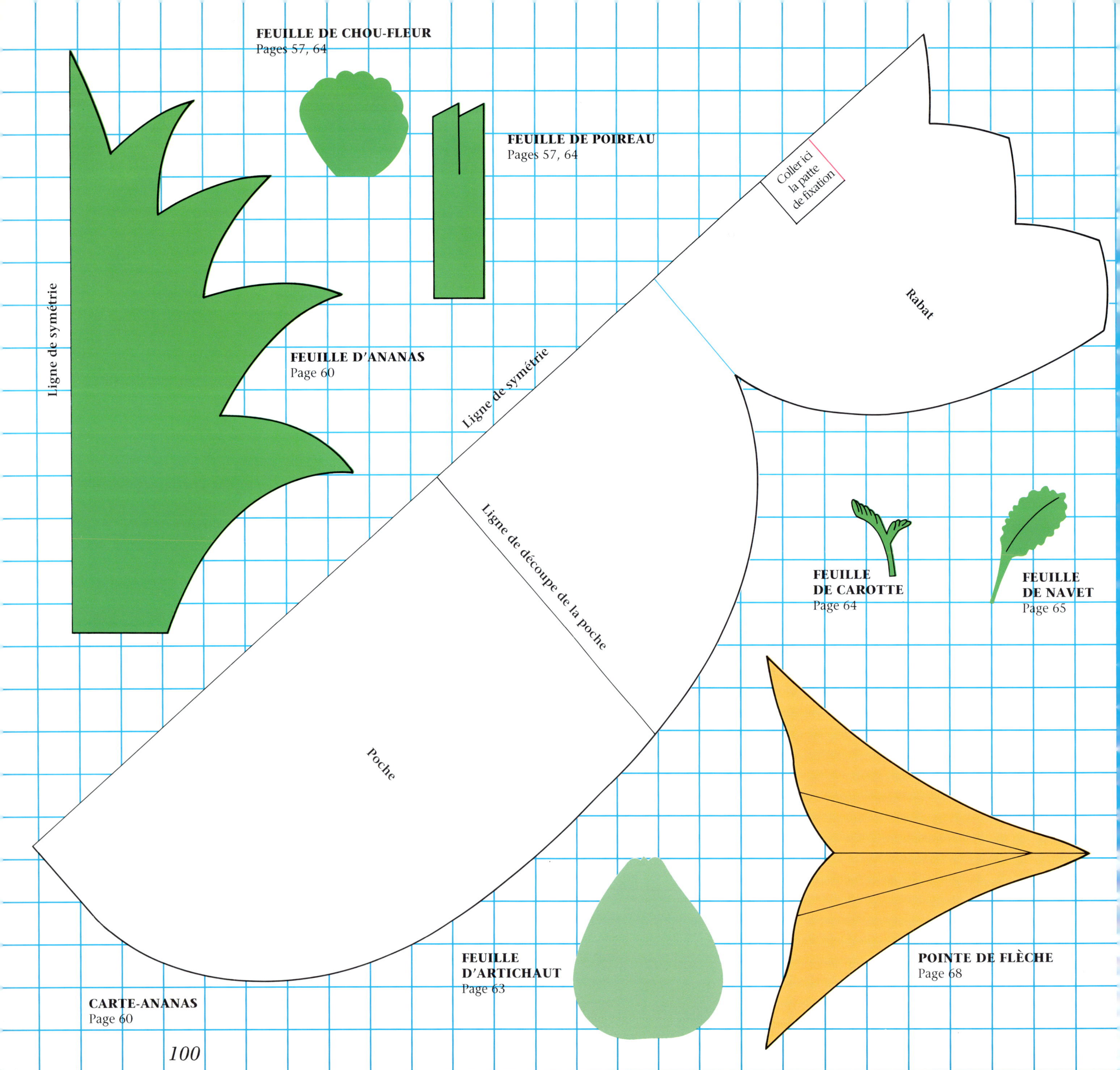

FEUILLE DE CHOU-FLEUR
Pages 57, 64

FEUILLE DE POIREAU
Pages 57, 64

FEUILLE D'ANANAS
Page 60

FEUILLE DE CAROTTE
Page 64

FEUILLE DE NAVET
Page 65

FEUILLE D'ARTICHAUT
Page 63

POINTE DE FLÈCHE
Page 68

CARTE-ANANAS
Page 60

COROLLE DE GRAND ŒILLET
Page 70

COROLLE DE PETIT ŒILLET
Page 70

ŒILLET DE POÈTE
Page 71

FEUILLE D'ŒILLET DE POÈTE
Page 71

PÉTALE SUPÉRIEUR DE VIOLETTE
Page 72

FEUILLE DE VIOLETTE
Pages 72, 86

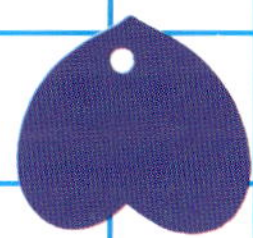

PÉTALE INFÉRIEUR DE VIOLETTE
Page 72

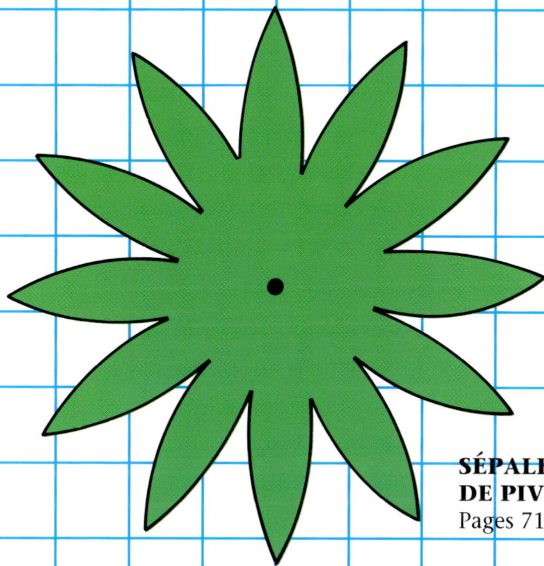

SÉPALES DE PIVOINE
Pages 71, 73, 86

GRAND PÉTALE DE PIVOINE
Pages 71, 73

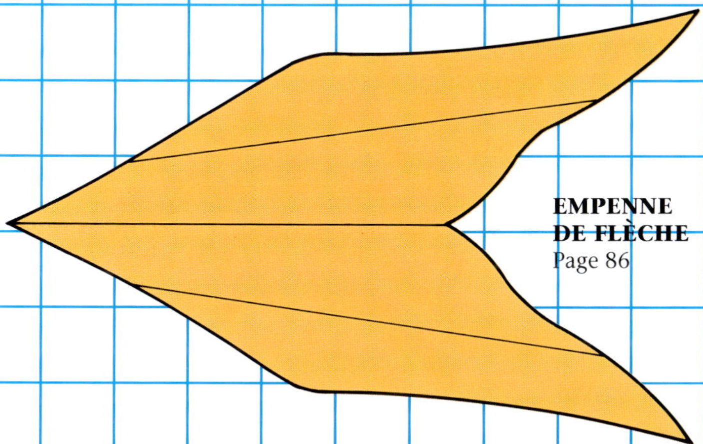

EMPENNE DE FLÈCHE
Page 86

PETIT PÉTALE DE PIVOINE
Pages 71, 73

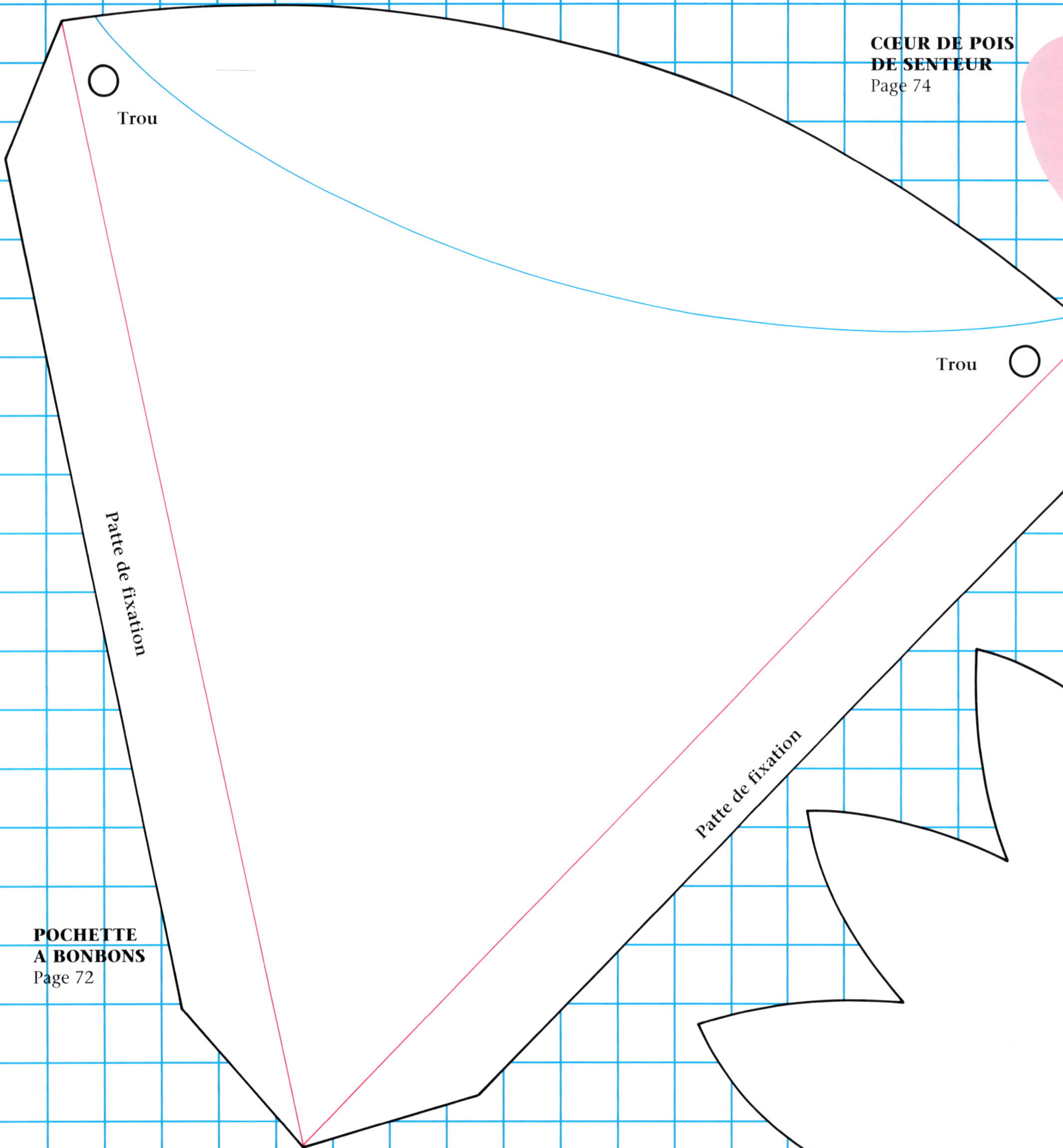

POCHETTE A BONBONS
Page 72

CŒUR DE POIS DE SENTEUR
Page 74

PETIT PÉTALE DE POIS DE SENTEUR
Page 74

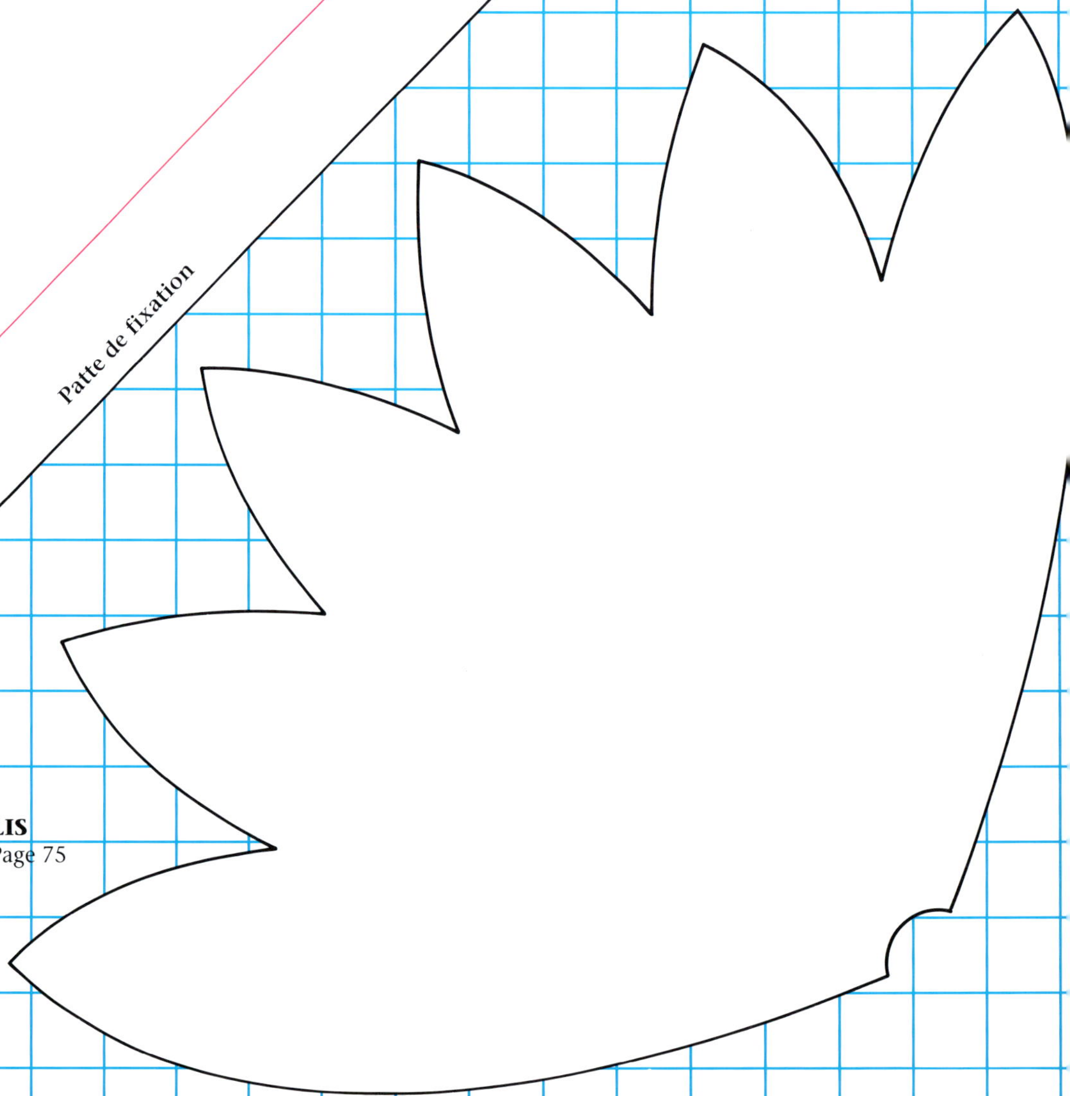

LIS
Page 75

GRAND PÉTALE DE POIS DE SENTEUR
Page 74

CALICE DE POIS DE SENTEUR
Page 74

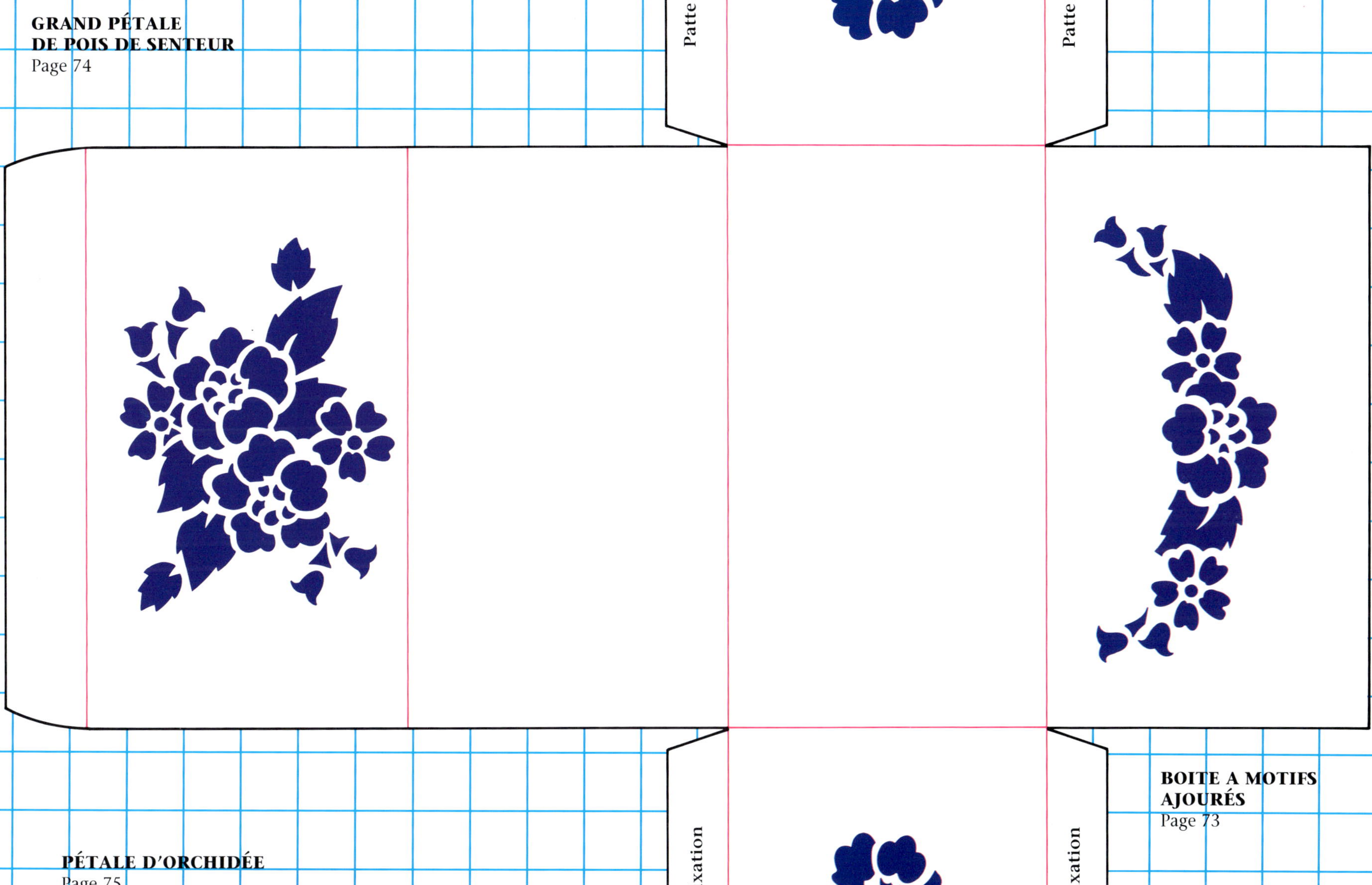

BOITE A MOTIFS AJOURÉS
Page 73

PÉTALE D'ORCHIDÉE
Page 75

CŒUR
A MOTIF
AJOURÉ
Page 76

FEUILLE
DE CORIANDRE
Page 76

PÉTALE
EXTÉRIEUR
DE ROSE
MINIATURE
Page 77

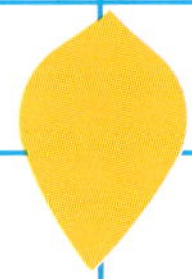

PÉTALE
INTÉRIEUR
DE ROSE
MINIATURE
Page 77

SÉPALES DE ROSE
MINIATURE
Page 77

MYOSOTIS
Pages 28, 76

GRANDE
FEUILLE
DE ROSE
MINIATURE
Page 77

PETITE FEUILLE
DE ROSE
MINIATURE
Page 77

PÂQUERETTE
Pages 40, 76

FEUILLE DE FICUS
PANACHÉ
Pages 35, 71, 73, 83

HORTENSIA
Pages 70, 86

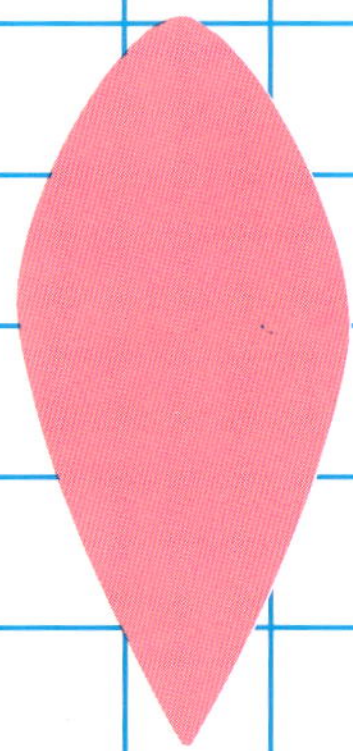

PÉTALE DE FREESIA
Pages 46, 51, 71, 75, 89

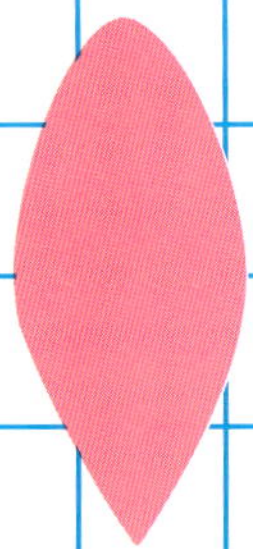

PÉTALE DE BOUTON
OUVERT DE FREESIA
Pages 75, 89

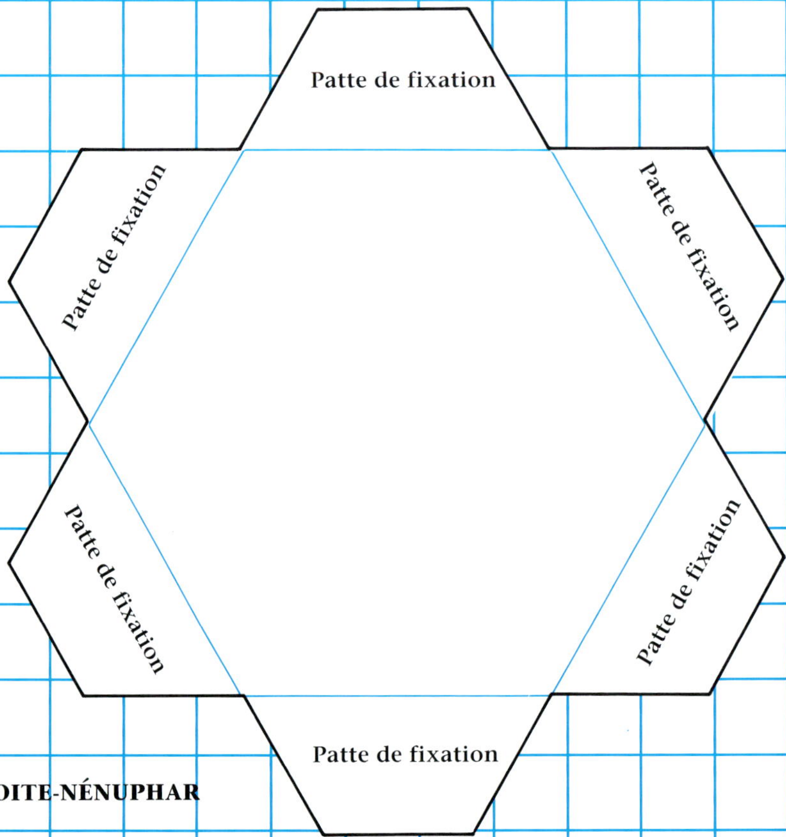

FOND DE BOITE-NÉNUPHAR
Page 80

CORPS DE PETITE BOITE-NÉNUPHAR
Page 80

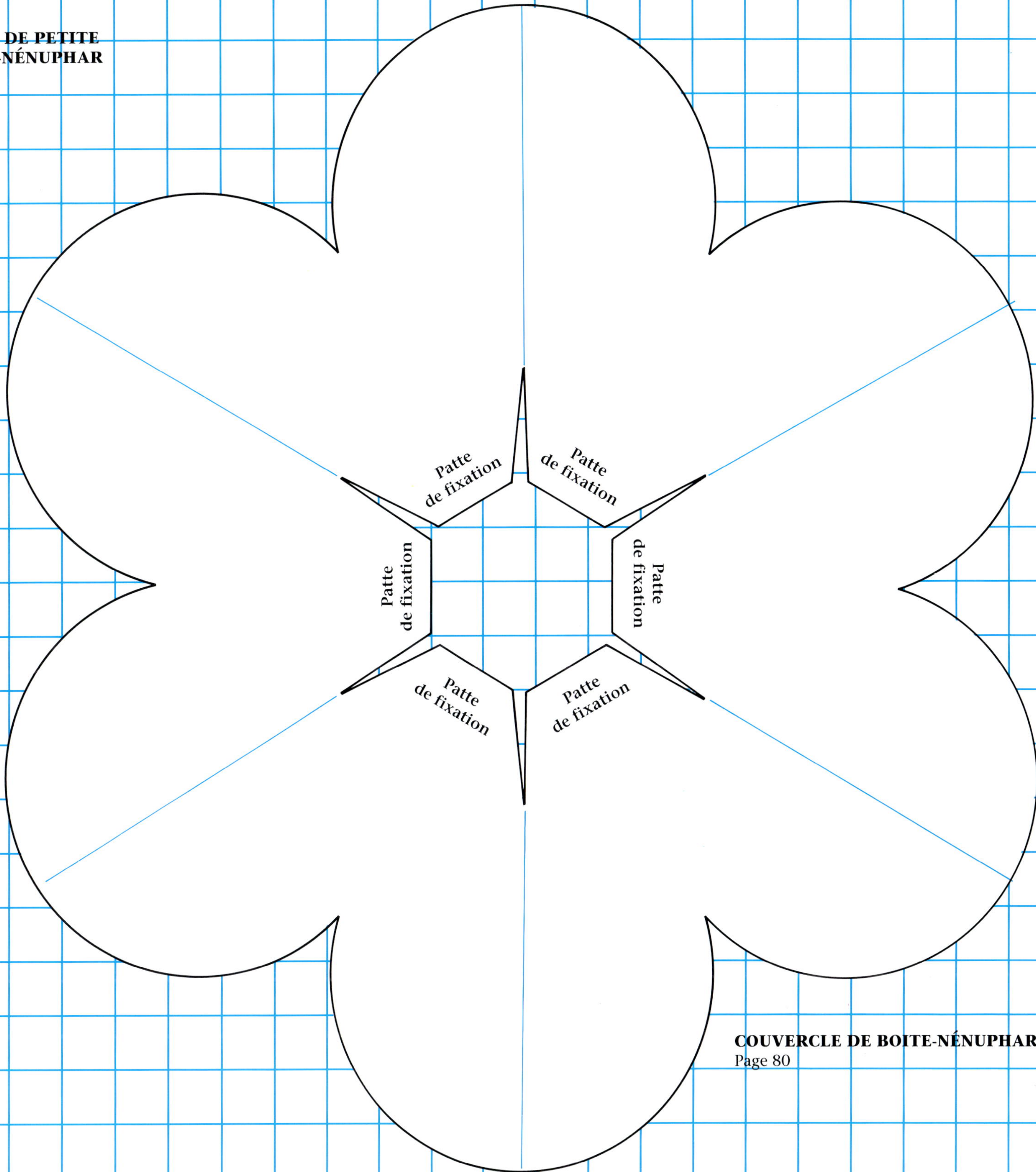

COUVERCLE DE BOITE-NÉNUPHAR
Page 80

CORPS DE GRANDE BOITE-NÉNUPHAR
Page 80

CORPS DE BOITE-NÉNUPHAR MOYENNE
Page 80
Patte de fixation

RHODODENDRON
Page 85

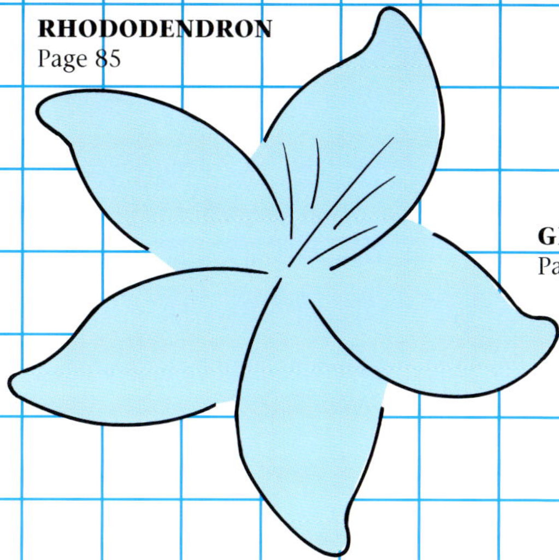

GÉRANIUM
Page 85

FEUILLE DE GÉRANIUM
Page 85

BOUTON DE GÉRANIUM
Page 85

PÉTALE DE LANTERNE VÉNITIENNE
Page 85

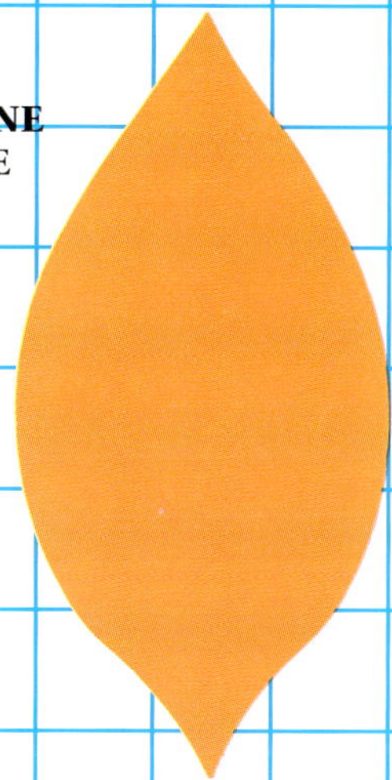

FUCHSIA
Page 84

IRIS
Page 84

AZALÉE
Pages 83, 88

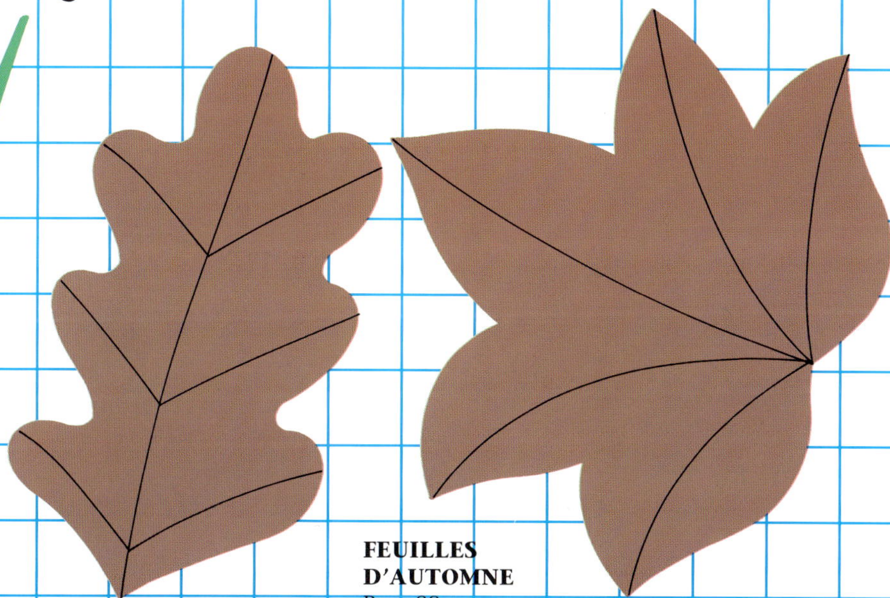

FEUILLES D'AUTOMNE
Page 88

Titre original de cet ouvrage
THE STEP BY STEP ART OF FLORAL PAPER CRAFTS

Traduction-adaptation
Bruno Porlier

ISBN : 2-263-02307-0
Code éditeur : 200235-0
Dépot légal : mars 1996

Photographies : Steve Tanner
Illustrations : Phil Gorton
Photocomposition : Bruno Porlier, Nouan-le-Fuzelier
Imprimé à Singapour